お葬式の後にすること

後悔しない
法要・相続・遺産整理

著者
◆税理士 大滝 忠弘
大滝 知秀
吉田 久伸
◆弁護士 伴 広樹
◆社会保険労務士 菅原 由紀
◆公益社・一級葬祭ディレクター
安宅 秀中

法研

はじめに

本書『お葬式の後にすること』を世に出そうとしたのは、日々の仕事の中で、大切なご家族を突然亡くし、葬儀を迎え、その後どのようにしたら良いのかわからないと困っていらっしゃる方々に出会う機会が多いため、私たち税理士、弁護士、社会保険労務士、葬祭業者といった専門家の立場から何かお役に立てないかと思ったことが始まりです。

ご家族がお亡くなりになった後には、実にさまざまな手続きがあります。当然ながら、その行為に慣れている方というのは、ほとんどいらっしゃいません。中には、誰に相談したら良いのかさえ見当もつかないという方もいらっしゃいます。ぜひそんな方々に、頁をめくっていただきたいと思っております。

例えば「相続」と聞いて、皆様はどのようなイメージをお持ちでしょうか？「難しそう」「面倒」「争いごとになる」「高い税金」など、さまざまでしょう。いずれにしてもあまり良いイメージは持たれていないかもしれません。私たち専門家は法律を学び、さまざまな実務経験を通して、こういった方にも安心していただけるようなアドバイスを提供できる立場にあります。全てのことを皆様に知ってもらう以前に、全体的な概要を知っていただけば、今お持ちのイメージは変えられます。まずは、その点について皆様のお力になりたいのです。

特に私の専門である相続税については、平成二五年度の大改正によって、平成二七年一月から多くの方が相続税の申告が必要となりました。皆様に大きく影響するのは、相続税の計算過程から基礎控除が四割削減されたことです。これが何を意味しているのかというと、これまで相続税には関わりのなかった一般のサラリーマンの方が亡くなった場合でも、残されたご家族が相続の申告や相続税のことを本気で心配しなければならなくなったということです。相続税は財産家だけが心配すれば良いと思われていた時代は終わったのです。

「私たちに相続税がかかるのかしら?」「申告ってどうしたらいいの?」「財産をどのように分けたら?」「遺言書があります!」。最近、このような問い合わせを多くいただきます。皆様は不安を持たれていらっしゃるのです。

このような皆様方の不安を少しでも取り除くきっかけになる本を作りたいと思い、できるだけわかりやすくお伝えできるよう、税理士、弁護士、社会保険労務士、葬祭業者、一同でまとめ上げました。

本書を手にした皆様が、抱えていらっしゃる不安から少しでも早く解放されるよう心から祈念しております。

税理士　大滝知秀

もくじ

お葬式編

第5章 お葬式とその前後にすること……135

第6章 忌明けと法要

手続き・届け出編

第7章 必要な手続き・届け出・遺産整理

・編集協力　用松美穂
・カバー・本文デザイン　オフィスSORA
・本文イラスト　セーヴル　桑山実

後悔しない相続税・贈与税

税理士からのアドバイス

税理士　大滝　忠弘

平成二五年度の税制改正によって平成二七年一月から相続税が大幅アップし、多くの方がその対応に苦慮されていると思います。税金を少しでも安くとお考えになるのはどなたも皆同じです。

最も手っ取り早い節税は、何といっても贈与税の非課税措置、諸控除など、与えられている恩典をフルに使って、想定される人の財産を少しでも減額しておくことです。合法的に適用できるものはすべて利用するようにしましょう。

また「相続」が「争族」にならないよう、日頃から相続人同士の人間関係をよくしておくことも大切です。とかく肉親関係は拗《こじ》れると他人より厄介なことが多いものです。

遺産を分けることについては、遺産によって特定の人にしか減額特例などが適用されないものもあるので、税理士等の専門家とよく相談されて、誰が相続するのがベターなのか、決められることをおすすめいたします。

ここで、一例をあげ、ご説明します。

・父母が居住する家（父名義）…土地二一〇平方メートル、建物一五〇平方メートル
・相続税評価額　一億円（ほとんどが土地の値段）
・母は父が亡くなった後もこの家に居住（長男・次男とも独立し、自分名義の居宅に住む）

この場合、お母様がご自宅を相続すれば評価額の八〇パーセント減額が受けられますが、子どもさんたちはご自分の家があるので減額は一銭もありません。単純計算すると（基礎控除・配偶者に対する相続税の軽減等を考慮せず、少し乱暴な計算です）、税金は、相続税率三〇パーセントの方では一億円×三〇％－七〇〇万円＝二三〇〇万円となり、お母様では｛一億円－（一億円×八〇％）｝×一五％－五〇万円＝二五〇万円となります。その差は二〇五〇万円にもなり、大きな差が生じま

す。税金は正しく納めるのは当然ですが、損をするような納め方にならないよう、くれぐれもよく考えて相続税申告してください。

　また、相続人同士の話し合いは、近年非常に難しくなってきております。私の経験から申し上げれば、「親の財産は一銭もいらない」という相続人の方に主導してもらえれば、比較的うまく協議が整います。しかし相続放棄をなさる方は稀《まれ》です。そこで、自分の相続に備えようという方には、ぜひ遺言を、中でも「公正証書遺言」をおすすめしております。

　遺言には、ご当人様のお気持ちを死後の相続人に伝え、親族間の安寧を願う言葉など入れられればなお一層ご自分の気持ちがいやされるようにも思います。ただし、気持ちは財産を分ける遺言の中身を拘束するものではないことを承知しておきましょう。しかしながら被相続人の気持ちを後世にきちっと伝えておくことは、その家系を守るためにも極めて大切なことではないでしょうか。

「公正証書遺言」を生前中にしっかりまとめ上げておくことは被相続人にとっては煩わしく決断しきれない問題もおありかもしれませんが、これこそ相続争いを避ける最も効果的な手段だと思います。これができれば相続問題はもう七〇～八〇パーセントは解決したのも同然かとさえ思われます。どなたも自分の後の相続で後悔しないためにも、生前に自分の考えているような相続に向けて準備をすることが肝要です。

本編ページへジャンプ!

- 相続税・贈与税改正のポイント
  →第1章 22ページ
- 節税対策
  →第1章 31ページ
- 減額特例や控除など
  →第3章 96、106ページ
- 財産の評価
  →第3章 92ページ
- 相続税の算出法
  →第3章 105ページ
- 遺言の書き方
  →第2章 64ページ
- 公正証書遺言
  →第2章 66ページ

後悔しない遺産分割の進め方

弁護士からのアドバイス

弁護士
伴　広樹

「うちの家族に限って、遺産相続で揉《も》めることはないだろう」と高をくくっていませんか？　いくら身内でも生活の環境が違う中で離れて暮らしていると、考えが違ってくるものです。ちょっとしたボタンの掛け違いから感情的な諍《いさか》いに発展し、互いに一歩も譲らず裁判手続きに発展してしまうということがあります。仲が良かったはずのきょうだいが相続を機に険悪な関係になってしまうのは悲しいことです。このようなことが起こるのは、相続前には表面化していなかった相続人同士のそれぞれの想いが、相続を機に表面化し、感情的な対立に発展してしまうからです。

例えば、親と同居していたり、親の商売を継いだりした子は、同居していた自宅や商売のために必要な店舗等の不動産の取得を強く希望するものです。親の晩年に苦労して介護をしていたようなケースではなおさらです。しかし、親と同居していない子にとって、同居している子の苦労はわかりづらいものです。さらに同居していない子は、同居している子が無償で親の家に住んでいる場合、家賃分の利益を受けており不公平だと感じていることがあります。このような状態で相続が始まると、「自分ばかりが苦労した」、「相手の方が利益を受けている」などの思いから、感情的にぶつかってしまうことがよくあるのです。

できるだけ紛争にならないように話し合いを進めるためには、最初が肝心です。最初の話し合いで不信感が生じてしまうと、その後の協議が難しくなります。相手の置かれている状況を考え、また相手の様子をよく観察し、話を切り出してください。注意したいのは、葬儀の直後に遺産の話を持ち出すと、相手の気分を害することがあることです。四十九日の法要の後など少し落ち着いてから分割の話し合いをはじめるのが無難でしょう。

また、法律上どの程度遺産を取得する権利があるのか、あらかじめ弁護士と相談して理解しておくことをおすすめします。ある財産について「自分がもらって当然」と思っている相続人と「分けるのが当たり前」と思っている相続人が話し合いをすると衝突は免れません。法定相続分の割合についてはは知っている方が多いでしょうが、特別受益や寄与分がどの程度認められるのかなど、具体的な相続分も理解しておくことが重要です。

例えば、亡父の遺産に居住している場合、法律の通りに遺産を分割すると家に住み続けられなくなってしまうことがあります。その場合でも、法律のしくみを理解した上で住み続けられるように頼めば、家族ですから譲歩してもらえることが多々あります。知識の裏付けがなく、ただ「居住権がある」などと主張すると、反感を買ってしまうだけです。

お互いが相手の立場に立ち、思いやりの気持ちを持って話し合えば、紛争になる可能性は大きく減ります。相続のために家族がバラバラになってしまうのは、遺産の取り分が少なくなることよりも不幸なことではないでしょうか。相田みつをさんの作品に「うばい合えば足らぬ わけ合えばあまる」という言葉があります。遺産分割にもぴったり当てはまる言葉ではないでしょうか。ですから、正しい知識を身につけ、相手の気持ちを考えながら、冷静に話し合いを進めることが、後悔しない遺産分割をするために大切です。

本編ページへジャンプ!

- 遺産相続
  →第2章 42ページ
- 法定相続人
  →第2章 47ページ
- 法定相続分
  →第2章 50ページ
- 遺留分
  →第2章 73ページ
- 遺留分減殺請求
  →第2章 75ページ
- 遺産分割協議
  →第2章 78ページ
- 特別受益と寄与分
  →第2章 84ページ

後悔しない年金・社会保険等の手続き

社会保険労務士からのアドバイス

社会保険労務士
菅原　由紀

まず、公的年金の基本を確認しておくと、公的年金には日本に住む二〇歳以上六〇歳未満の全ての人が加入している国民年金と、会社員等が加入している厚生年金、公務員等が加入している共済年金があり、その給付は老齢年金・障害年金・遺族年金の三種類があります。

一家の大黒柱の方に万が一のことがあったときに支給されるのが遺族年金です。年金関係で遺族がやるべき手続きは、大きく分けて次の二つがあります。

①亡くなった方がすでに年金を受給していた場合には、年金の受給停止と未支給の年金の受給手続き

②遺族がもらえる年金や一時金があるのかどうかを調べて、ある場合にはその請求手続き

そもそも遺族年金は無条件にすべての遺族の方に支給されるものではありません。亡くなった方が加入されていた年金の種類や保険料を納付していた期間、遺族の方の状況などによって、もらえる年金の種類も金額も違ってくるのです。また、年金の種類によって手続きに必要な書類の提出先や添付書類も異なりますので、間違いがないように確認しましょう。

万が一のときになって慌てないよう、大黒柱が健在なうちに次の点を把握しておくことをおすすめいたします。

・そもそも年金をもらう権利があるのか
・誰がいつまでもらえるのか
・どんな年金がもらえるのか
・年金手帳や年金証書がどこにあるのか

また、年金は自動的に振り込まれるのではなく、もらえる権利がある方が請求手続きをする必要があります。年金には五年、一時金には二年の時効があり、せっかくもらえる権利があったとしても、

請求期間が過ぎると受け取ることができなくなります。

したがって、年金を確実に受け取るためには早めに必要な手続きをすることが大切です。

なお、本書でも遺族年金や一時金の概要を解説しておりますが、年金制度は複雑ですし、個々の細かい要件がありますので、ご自分やご家族の具体的な状況については、最寄りの年金事務所で確認してください。

社会保険からは、亡くなった方が国民健康保険・後期高齢者医療制度に加入していた場合には葬祭費が、会社員等で健康保険に加入していた場合には埋葬料（埋葬費）が支給されます。これについても要件を確認して、もらえる場合にはもれなく申請してください。

なお、会社員などが業務災害や通勤災害で亡くなった場合には、労働者災害補償保険（労災）からの支給があります。労災の手続きは、亡くなった方の勤務先に確認しながら進めてください。

また、高額療養費制度により、医療費の自己負担額が高額になった場合には、その一部の払い戻しを受けることができます。本人が亡くなった後に請求することもできますので、故人が自己負担した医療費が高額だった場合には請求してみましょう。

このように社会保険などにもさまざまな給付制度が用意されていますので、万が一のときには有効に活用してください。

本編ページへジャンプ!

- **故人の年金支給停止**
  →第7章 206ページ
- **葬祭費・埋葬料**
  →第7章 209ページ
- **高額療養費**
  →第7章 213ページ
- **遺族年金の基礎知識**
  →第7章 218ページ
- **遺族年金－国民年金の場合**
  →第7章 221ページ
- **遺族年金－厚生年金等の場合**
  →第7章 229ページ
- **年金のもらい方**
  →第7章 231ページ

後悔しない葬祭

一級葬祭ディレクターからのアドバイス

株式会社 公益社
安宅 秀中

人が亡くなってから「しなければいけないこと」はたくさんあります。葬儀、公的な手続き、相続、納税などです。その中でもやはり「葬儀」に関するしなければいけないことが、一番大変なのではないでしょうか。

私は葬儀屋さんになる前に両親を見送った経験があるのですが、思い返してみるとやはり「葬儀」に関することが一番大変でした。そうなる理由は、以下の3つです。

①時間が無い

お葬式というのは亡くなった翌日や翌々日にはお通夜を執り行っていることが多いわけです。大変慌ただしい時間を過ごします。

やっとお葬式が終わったと思ったら、法事、香典返し、仏壇、本位牌、墓石の用意などいろんなことが締め切りをもって迫ってきます。

②情報が無い

日頃、誰かが亡くなることを真剣に考える機会がどれくらいあるでしょうか。遺言書なら書けるのに、お葬式のことを考えることは生々しすぎてなかなか考えることができないという方は多いのです。

そのため事前に情報を得ておくことができず、いざお葬式という状況に直面して何をしていいかわからないということになりがちです。

③精神的なストレス

大切な人が亡くなってしまったのです。普段ならできるはずの冷静な判断は、情けないくらいにできなくなります

以上の理由で、お葬式はとても大変なのです。

かつてこのような御喪家《ごそうけ》がいらっしゃいました。故人は大手企業の元部長さん。定年退職してまもなく六〇代でお亡くなりになりました。亡くなる直前に「人に知らせず葬儀をしてくれ、遺骨

は散骨してくれ」と言い残して。

喪主である奥様は忠実にそれを守ろうとしたのですが、前記の理由でうまくいかないことがたくさん起きました。

身内で葬儀を行うはずが、訃報が漏れてしまい、たくさんの方が参列されることになりました。葬儀費用がオーバーした分は参列の皆さんが持参した香典で補填することができたのですが、あとで亡くなったことを知った故人の友人からは「できれば最期のお別れがしたかった」と、やんわり抗議をされてしまう。亡くなったことが段階的に伝わってしまい、二、三日に一度、自宅に弔問客が訪れる。香典のお返し物の準備をするとき、会社関係の送り先がわからず困ってしまう。相続税控除にはお坊さんの御布施も含まれると知ったものの、領収書を請求していいか思い悩む。最後に散骨しようとしたら、菩提寺や親戚から反対されて、苦肉の策として半分を散骨、半分をお墓に納骨するということになりました。

この喪主さんは、我々が最後までサポートする方針の葬儀社だったので、なんとかこの難局を乗り切ることができました。もし一人だったら参ってしまっていただろうと、後になって振り返っていらっしゃいました。こんなケースが結構多いのです。

本書のタイトルは「お葬式の後にすること」ですが、ぜひとも「お葬式を行う前に」お手に取っていただければと思います。

本編ページへジャンプ!

- 葬儀費用の支払い
  →第5章 142ページ
- さまざまな葬儀のあり方
  →第5章 151ページ
- 香典返し
  →第6章 163ページ
- さまざまな法要
  →第6章 166ページ
- 納骨
  →第6章 172ページ
- 墓・墓地
  →第6章 175ページ
- 遺品整理
  →第6章 192ページ

第1章

平成二七年　相続税・贈与税改正のまとめ

相続税のしくみ

課税価格の合計額

改正ポイント４
（27、28ページ参照）

相続税の総額の計算

課税遺産総額

遺産にかかる基礎控除額

改正ポイント１
（23ページ参照）

法定相続分であん分

法定相続分

法定相続分

法定相続分

超過累進税率の適用

改正ポイント２
（24ページ参照）

贈与税のしくみ

課税価格（一年間に贈与により取得した財産の価額の合計額）

適用要件を満たす場合

改正ポイント６
（30ページ参照）

相続時精算課税を選択

①贈与財産の価額から控除する金額
特別控除額　2,500万円
※前年までに特別控除額を使用した場合には、2,500万円からすでに使用した額を控除した残額が特別控除額となる。

②税率
（特別控除額を超えた部分に対して）
一律20％の税率
（贈与者の相続時に精算）

【相続税との関係】
贈与者が亡くなったときの相続税の計算上、相続財産の価額に相続時精算課税を適用した贈与財産の価額（贈与時の時価）を加算して相続税額を計算する。その際、すでに支払った贈与税相当額を相続税額から控除する（控除しきれない金額は還付される）。

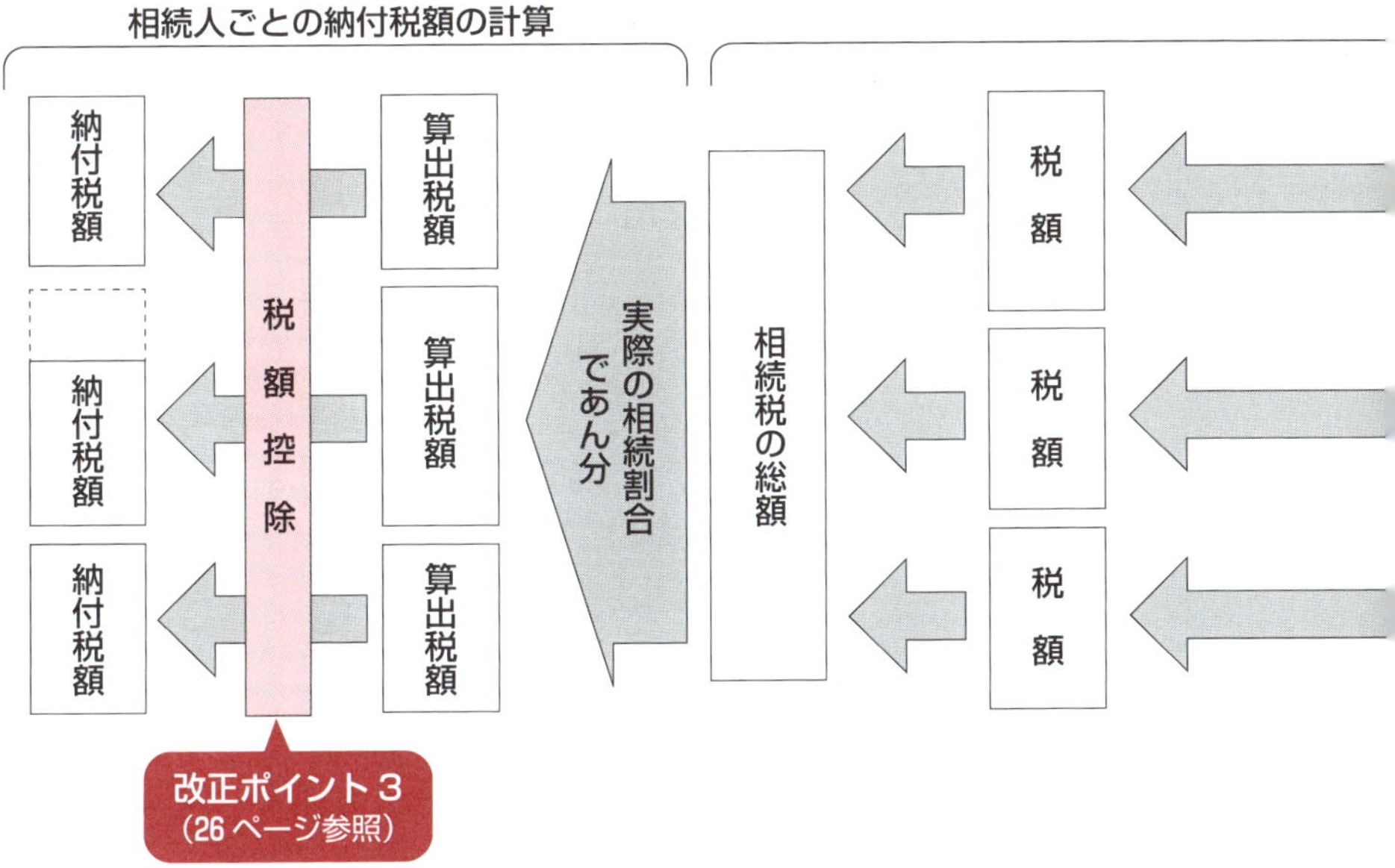

暦年課税

①贈与財産の価額から控除する金額

基礎控除額　毎年 110 万円

※課税価格が110万円を超える場合は、申告が必要。

②税率

（基礎控除後の課税価格に対して）

超過累進税率

改正ポイント5
(28ページ参照)

【相続税との関係】

贈与者が亡くなったときの相続税の計算上、原則として、相続財産の価額に贈与財産の価額を加算する必要はない。ただし、相続開始前３年以内に贈与を受けた財産の価額（贈与時の時価）は加算しなければならない。

出典：国税庁ホームページ「相続税及び贈与税の改正のあらまし」

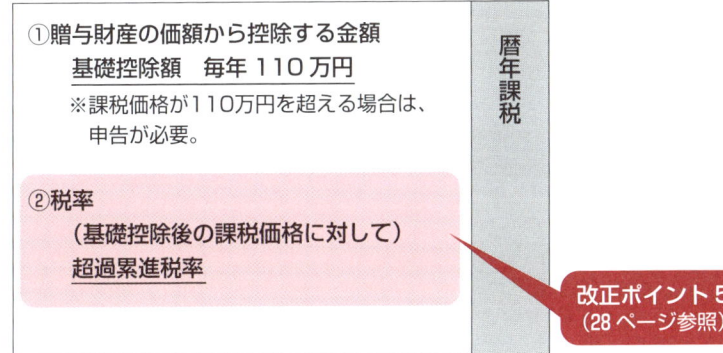

01 相続税・贈与税改正のポイント

平成二五年度の税制改正によって相続税・贈与税などにかかる事項が改正されました。

平成二五年度の税制改正とは

平成二五年度の税制改正で、相続税法および租税特別措置法の一部が改正されました。これにより、平成二七年一月一日以後に発生する相続や遺贈・贈与のしくみが大きく変わりました。

この改正は、バブル後の地価の大幅下落などへ対応するため、また格差が固定化することを防止するなどの観点から、相続税の基礎控除を引き下げるとともに最高税率を五五％に引き上げるといった税率構造の見直しを行ったものです。また、相続人の住まいや事業を継続することに配慮し、小規模宅地等についての相続税の課税価格の計算の特例について見直しも行いました。

二人に一人が相続税申告対象者に？

この平成二五年度の税制改正の大きな目玉は、基礎控除額が四割縮小された点です（詳しくは、次ページ参照）。

そのため、首都圏では相続税の申告が必要になる人は、従来の五人に一人から二人に一人程度へと急増すると予測されています。いよいよ相続税の大増税時代の幕開けです。

この章では、まず、平成二五年度の税制改正のポイントについて、具体的な事例を挙げながら解説します。次に、この大増税に対応するために、できるだけ相続税・贈与税を節税するにはどうしたらよいのか提案します。

相続税

【改正ポイント1】基礎控除額の引き下げ

基礎控除とは、相続税がかからない非課税枠のことです。相続税は亡くなった人が残した財産の額から基礎控除額を差し引いて、残った金額に課税されます。この基礎控除額が改正により四割も縮小されました。

従来の基礎控除額は「五〇〇〇万円＋一〇〇〇万円×法定相続人の数」でしたが、平成二七年一月一日以降の相続からは「三〇〇〇万円＋六〇〇万円×法定相続人の数」となりました。

法定相続人が三人の場合、これまでは遺産が八〇〇〇万円以下ならば相続税がかからなかったのに、今後は四八〇〇万円を超えると相続税がかかってきます。

今までは相続税と無縁だった人も、相続税の申告が必要なケースが出てきますので、注意が必要です。

◆例えば、法定相続人が子ども３人で、遺産が7,500万円の場合

【基礎控除額】
[平成26年まで（改正前）]
5,000万円＋[1,000万円×法定相続人3人]＝8,000万円

[平成27年から（改正後）]
3,000万円＋[600万円×法定相続人3人]　＝4,800万円

↓

【相続税額】
[平成26年まで（改正前）]
遺産7,500万円－基礎控除8,000万円＝マイナスのため0円
⇒ 相続税は、0円

[平成27年から（改正後）]
遺産7,500万円－基礎控除4,800万円＝2,700万円
●1人当たり相続税額
(2,700÷3) 万円×税率10%＝90万円
90万円×3人分＝270万円
⇒相続税は、270万円

相続税

【改正ポイント2】相続税率の見直し

相続税の税率は、金額に応じて段階的に税率が上がっていく超過累進課税方式です。

これまでは相続税の最低税率は一〇%、最高税率は五〇%でしたが、改正によって、平成二七年一月一日以降の相続からは、法定相続分に応じた一人あたりの相続財産のうち、二億円超から三億円以下の部分にかかる相続税率が四〇%から四五%に、六億円を超える部分の最高税率は五〇%から五五%に引き上げられました。

二億円以下の部分の税率については変更されていませんので、いうなれば富裕層をターゲットにした増税改正といえます。

次ページの相続税の速算表を見ると、相続財産(法定相続分に応じた取得価額)に応じた税率および控除される額が出ているので、それを利用して計算すると早いです。

◆例えば、法定相続人が子ども2人で、遺産が6億円の場合

[平成26年まで(改正前)]
遺産6億円－基礎控除額7,000万円＝5億3,000万円
●1人当たり相続税額
(5億3,000÷2)万円×税率40%－控除額1,700万円＝8,900万円
8,900万円×2人分＝1億7,800万円
⇒ 相続税は、1億7,800万円 …㋑

[平成27年から(改正後)]
遺産6億円－基礎控除4,200万円＝5億5,800万円
●1人当たり相続税額分
(5億5,800÷2)万円×税率45%－控除額2,700万円＝9,855万円
9,855万円×2人分＝1億9,710万円
⇒相続税は、1億9,710万円 …㋺

㋺－㋑＝ 1,910万円の増税

相続税の速算表

各人の法定相続分に応じた取得価額（A）×税率（B）－控除額（C）＝相続税額

●平成26年まで（改正前）

価格（A）	税率（B）	控除額（C）
1,000万円以下	10%	―
1,000万円超　～　3,000万円以下	15%	50万円
3,000万円超　～　5,000万円以下	20%	200万円
5,000万円超　～　1　億　円　以下	30%	700万円
1　億　円　超　～　3　億　円　以下	40%	1,700万円
3　億　円　超	50%	4,700万円

●平成27年から（改正後）

価格（A）	税率（B）	控除額（C）
1,000万円以下	10%	―
1,000万円超　～　3,000万円以下	15%	50万円
3,000万円超　～　5,000万円以下	20%	200万円
5,000万円超　～　1　億　円 以下	30%	700万円
1　億　円　超　～　2　億　円 以下	40%	1,700万円
2　億　円　超　～　3　億　円 以下	45%	2,700万円
3　億　円　超　～　6　億　円 以下	50%	4,200万円
6　億　円　超	55%	7,200万円

Column

相続税の速算表の控除額って何？

相続税は超過累進課税で、これは、単純に金額が高くなるとその分税率が上がるというものではなく、段階を踏んで上がっていくものです。

取得金額が5,000万円で考えてみましょう（前ページの表で価格と税率を見てください）。5,000万円のうち、1,000万円以下の部分は1,000万円×10％＝100万円、1,000～3,000万円以下の2,000万円については2,000万円×15％＝300万円、3,000～5,000万円以下の2,000万円については2,000万円×20％＝400万円の税金がかかるのです。よって、5,000万円に対する相続税は上記を合計した800万円ということになります。

こういう複雑な計算を一発でできるようにしたもの、それが速算表です。速算表を使うと、5,000万円×税率20％－控除額200万円＝800万円と計算できます。ですから、速算表にある控除額というのは、段階ごとに計算したものと一番高い税率で計算したものとの差額を引いて同じ額にするためのものなのです。

相続税

【改正ポイント3】未成年者控除および障害者控除の引き上げ

相続税の納付額を計算する際、相続人が未成年者や障害者である場合には、本来納める相続税から年齢に応じて一定額を控除することができます。

平成二七年一月一日以降の相続については、その控除額が次のとおり拡大されました。

【未成年者控除】
（改正前）20歳までの１年につき６万円
（改正後）20歳までの１年につき10万円

【障害者控除】
（改正前）85歳までの１年につき６万円
（特別障害者については12万円）
（改正後）85歳までの１年につき10万円
（特別障害者については20万円）

相続税

【改正ポイント4－1】小規模宅地等の特例の要件緩和（対象面積の拡充）

減税効果のある改正としては、「小規模宅地等の特例」の条件が緩和されたことが大きいでしょう。これは、自宅の土地や事業用・貸付用の土地について、要件を満たせば、土地の評価額を最大八〇％減らすことができる制度です（96ページ参照）。自宅の土地など特定居住用宅地等と呼ばれる土地については、従来は二四〇平方メートル（約七二坪）が適用できる限度でしたが、平成二七年一月一日以降の相続からは三三〇平方メートル（約一〇〇坪）まで適用面積が拡大されました。

下のように、通常だと四五〇〇万円の評価額が、この特例を受けることができれば九〇〇万円まで減らすことができます。土地の評価額が八割下がれば相続財産がぐっと減りますので、相続財産が基礎控除額を超えている場合でも、相続税の納税額がゼロになるケースも多くなります。

◆例えば、路線価15万円・面積300㎡　自宅土地のケース

【通常の場合の評価額】※特例を受けられない場合
15万円×300㎡ ＝ 4,500万円

【小規模宅地等の特例を受けた場合の評価額】
4,500万円－3,600万円（4,500万円×80％）＝ 900万円

※小規模宅地等の特例については、96ページにその要件や減額割合、限度面積についての表があります。

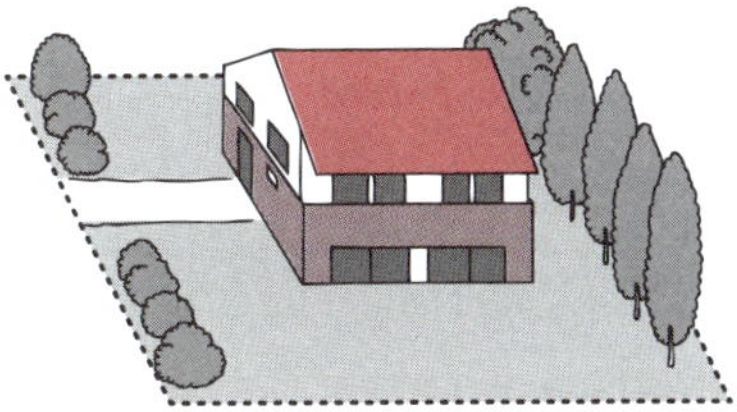

相続税

【改正ポイント4−2】小規模宅地等の特例の要件緩和（事業用宅地と居住用宅地の完全併用）

小規模宅地等の特例について、もう一つの大きな改正が自宅の土地と事業用の土地がある場合の適用関係に関する改正です。

従来、自宅の土地（特定居住用宅地等）と工場や事務所などの事業用土地（特定事業用宅地等）の両方について特例を受ける場合には、それぞれの上限面積を使うことができず、最大四〇〇平方メートルが限度でしたが、平成二七年一月一日以降の相続からは、特定居住用宅地等の適用面積は三三〇平方メートルまで拡大され、さらには特定事業用宅地等の限度面積四〇〇平方メートルとの完全併用が認められることになったため、居住用と事業用との併用時の適用面積は最大七三〇平方メートルまで広がりました。

事業用資産を抱える中小企業のオーナーにとっては、大きな恩恵が期待される改正です。

贈与税

【改正ポイント5】贈与税率の見直し

生前贈与は、原則として贈与を受けた金額が年間一一〇万円を超えたら、超えた分に対して贈与税がかかるしくみです。例えば、贈与された金額が一〇〇万円であれば、基礎控除一一〇万円以下ですので、贈与税はかかりません。これに対し、贈与された金額が二〇〇万円であれば、一一〇万円を超えた九〇万円に対して贈与税が計算されます。この場合の税率は一〇％ですので、贈与税は九〇万円×一〇％＝九万円となります。

贈与税の税率も相続税と同様に、金額に応じて段階的に税率が上がっていく超過累進課税方式で、平成二七年一月一日以降の贈与から改正されました。最高税率が五五％に引き上げられる一方で、祖父母から孫や父母から子への贈与については、税率が一部緩和されています。誰から贈与してもらうかで贈与税の計算が異なってくるのです。

贈与税（暦年課税）の速算表

［1年間の贈与額－110万円］（A）×税率（B）－控除額（C）＝贈与税額

●平成26年まで（改正前）

[1年間の贈与額－110万円]（A）	税率（B）	控除額（C）
200万円以下	10%	―
200万円超 ～ 300万円以下	15%	10万円
300万円超 ～ 400万円以下	20%	25万円
400万円超 ～ 600万円以下	30%	65万円
600万円超 ～1,000万円以下	40%	125万円
1,000万円超	50%	225万円

●平成27年から（改正後）

①20歳以上の人が直系尊属（父母、祖父母等）から贈与を受けた場合〈特例税率〉

[1年間の贈与額－110万円]（A）	税率（B）	控除額（C）
200万円以下	10%	―
200万円超 ～ 300万円以下	15%	10万円
300万円超 ～ 400万円以下	15%	10万円
400万円超 ～ 600万円以下	20%	30万円
600万円超 ～ 1,000万円以下	30%	90万円
1,000万円超 ～ 1,500万円以下	40%	190万円
1,500万円超 ～ 3,000万円以下	45%	265万円
3,000万円超 ～ 4,500万円以下	50%	415万円
4,500万円超	55%	640万円

② ①以外の場合〈一般税率〉

[1年間の贈与額－110万円]（A）	税率（B）	控除額（C）
200万円以下	10%	―
200万円超 ～ 300万円以下	15%	10万円
300万円超 ～ 400万円以下	20%	25万円
400万円超 ～ 600万円以下	30%	65万円
600万円超 ～ 1,000万円以下	40%	125万円
1,000万円超 ～ 1,500万円以下	45%	175万円
1,500万円超 ～ 3,000万円以下	50%	250万円
3,000万円超	55%	400万円

贈与税

【改正ポイント6】相続時精算課税制度の対象者拡大

後述する「相続時精算課税制度」（33ページ参照）は、累計二五〇〇万円までの贈与財産には、贈与税がかかりませんが、相続発生時（亡くなったとき）にその贈与財産を含めて相続税を計算するしくみです。「相続財産の前渡し」ともいえます。節税効果は小さいのですが、一度にまとまった財産を贈与したいケースにおいては、有効な制度でしょう。

この制度を使える対象者について、従来は六五歳以上の親から二〇歳以上の子ども（推定相続人）への贈与にしか利用できなかった制度が、平成二七年一月一日からは、六〇歳以上の親から二〇歳以上の子や孫への贈与にも利用できるように拡大されました。

なお、この制度を利用するためには、最初の贈与があった年の翌年三月一五日までに、「相続時精算課税選択届出書」を税務署に提出する必要があります。

●相続時精算課税制度の対象者

【平成26年まで（改正前）】
（贈与する人）　65歳以上
（贈与を受ける人）20歳以上で、贈与する人の推定相続人

【平成27年から（改正後）】
（贈与する人）　60歳以上
（贈与を受ける人）20歳以上で、贈与する人の推定相続人および孫

02 生前贈与による節税対策

節税対策として代表的な「生前贈与」について考えてみましょう。

生前贈与で財産を減らす

相続税を少なくするためには、相続税がかかる財産を減らすことが最良の策です。いわゆる節税対策として代表的なのが「生前贈与」です。

生前贈与とは、本人が生きているうちに自分の財産を子や孫へ渡す（贈与）ことをいい、比較的簡単にできますし、計画的に資産を贈与したり、特例を上手く利用して相続時に課税される財産を効率よく減らしたりすることができます。

では、実際にどのような贈与の方法があるのか見ていきましょう。

①年間一一〇万円の非課税枠を活用する

贈与によりもらった財産の合計額が年間一一〇万円（贈与税の基礎控除額）以下であれば、贈与税はかかりません。この基礎控除額を利用してこまめに贈与を繰り返すと、ある程度の相続財産を減らすことができます。

例えば、一人について一一〇万円の贈与を一〇年継続したとすれば、合計で一一〇〇万円の財産を、税金をかけずに減らすことができるのです。この一一〇万円枠は、財産をもらう人一人当たりの非課税枠ですので、複数の人に対して、コツコツと長期間にわたって贈与を行えば、相続税を大きく節税することができます。ぜひ活用したい制度です。

②配偶者へマイホームを贈与する

結婚二〇年以上の夫婦の間で、マイホームなどの不動産またはマイホームの購入資金を配偶者に贈与しても、二〇〇〇万円までは贈与税がかかりません。基礎控除額と合わせれば、二一一〇万円までは税金をかけずに配偶者へ渡すことができます。

ただし、不動産の名義変更時には登録免許税などの費用がかかりますし、相続税を計算するときの特例（小規模宅地等の特例➡96ページ参照）が使える自宅敷地の場合は、贈与をせずに相続するまで待った方がよいケースもありますので、節税効果が期待できるか専門家に相談することをおすすめします。

③住宅購入資金を贈与する

子どもや孫へマイホーム購入資金を援助（贈与）する場合には、「住宅取得資金の贈与の特例」を活用することで、一定額まで税金がかからず（非課税）に贈与することが可能です。非課税となる金額は、贈与のあった年により異なりますが、平成二九年は一般住宅が七〇〇万円、省エネ住宅などであれば一二〇〇万円までが非課税となります。ありがたいことに、基礎控除一一〇万円と併用することもできます。

ただし、この制度を適用するためには、対象となる住宅の面積制限や入居制限などの細かな条件があります。また贈与する年によって、非課税となる金額が変わることがありますので注意してください。

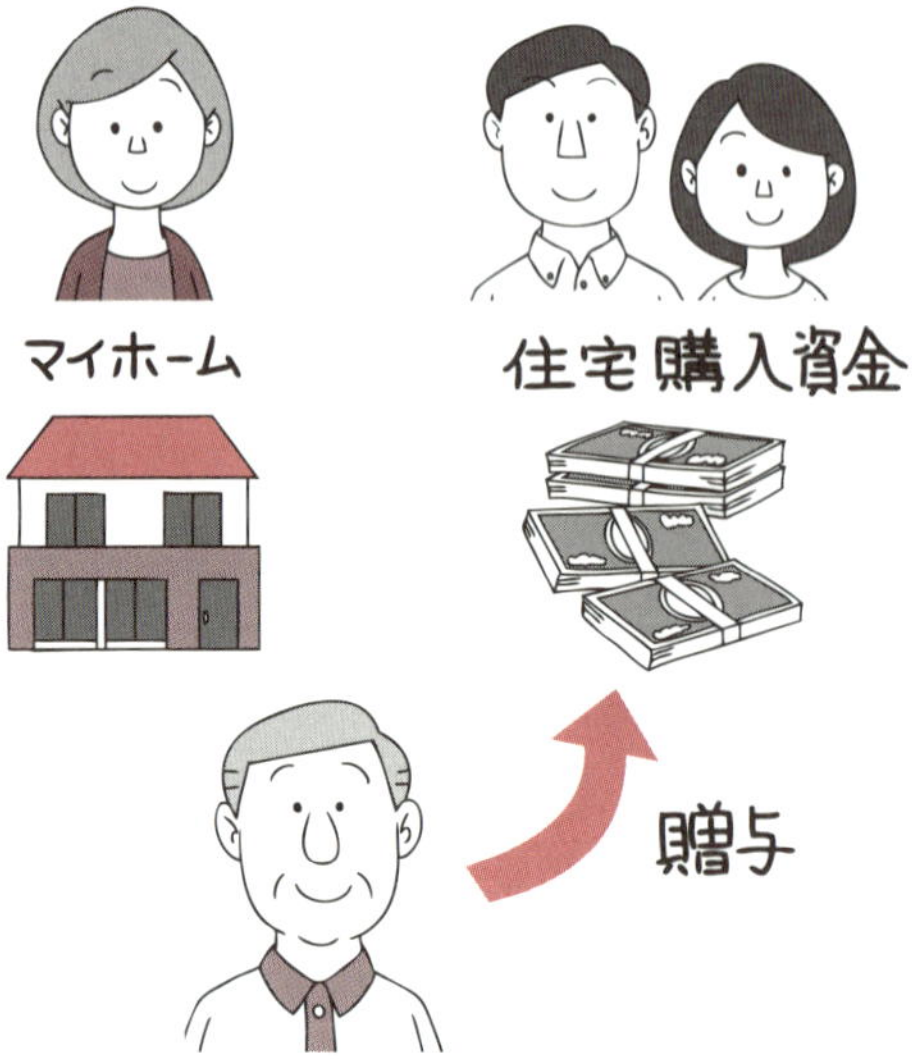

子どもや孫へマイホームや住宅購入資金を贈与する方法もあります。

④教育資金を贈与する

「教育資金一括贈与の非課税特例」を活用することにより、子どもや孫へ多額の財産を移転することが可能です。この制度は、子どもや孫の教育資金として、金融機関を通じて贈与した場合、一人につき一五〇〇万円（学校等以外〈塾・予備校など〉への支払いは五〇〇万円）まで贈与税が非課税とされる制度です。ただし、子や孫が三〇歳になるまでにその資金を教育のために使うことが条件です。

通常、子どもや孫の教育資金を必要なときに渡した場合には贈与税がかかりませんが、特に必要でないときに教育資金をまとめて渡すと贈与税がかかることになっています。しかし、この「教育資金一括贈与の非課税特例」の手続きをすれば、教育費をまとめて贈与しても非課税とすることが可能になりました。

極端な例ですが、孫が六人いる場合、全員に一五〇〇万円ずつ贈与すれば、一度に九〇〇〇万円もの相続財産を減らす効果が得られます。当然、余裕資金があることが大前提ですが、特に高齢の人や健康に不安を抱え相続対策を急いでいる人にとっては有効な対策ではないでしょうか。

⑤相続時精算課税制度を使う

贈与税については、「相続時精算課税」を選択するか、それを選択しない場合は「暦年課税」となります（21ページ参照）。相続時精算課税制度は、贈与税を大きく軽減しますが、その代わりに相続が起きたときには、贈与された財産を相続財産に加えて相続税を計算するという制度です（贈与をする人、財産をもらう人に条件があります）。

財産をもらったときは、二五〇〇万円まで贈与税がかかりません。二五〇〇万円を超えた場合には一律二〇％の贈与税がかかります。贈与した人が亡くなったときは、贈与によりもらった財産を加算して相続税を計算し、この相続税といったん支払っていた贈与税との差額を支払います（還付を受けることもあります）。

賃貸アパートのような毎年収益を生み出す財産を「相続時精算課税制度」を使って贈与すると、少ない贈与税負担で財産を移転し、本来親に入ってくる家賃収入を子に移すことができますので、間接的な相続税の節税効果があります。

ただし、一度この制度を利用すると、暦年贈与（年間一一〇万円までが非課税になる制度）を選択できなくなります。また、贈与した土地について小規模宅地等の特例を適用できなくなりますので、利用時には十分な検討が必要です。

以上のように、生前贈与は相続税を減らす対策として大きな効果が期待できます。しかしその反面、贈与する側の財産を減らすことになりますので、贈与し過ぎに注意してください。節税にばかり気をとられて財産を減らし過ぎてしまい、多額の医療費や老人ホームの入居費用が必要な場合に、贈与した側の資金で賄えなくなってしまうようでは本末転倒です。贈与は、老後の資金に余裕のある範囲内で実行しましょう。

生前贈与の方法

110万円の非課税枠を利用

マイホームや住宅資金の贈与

教育資金の贈与

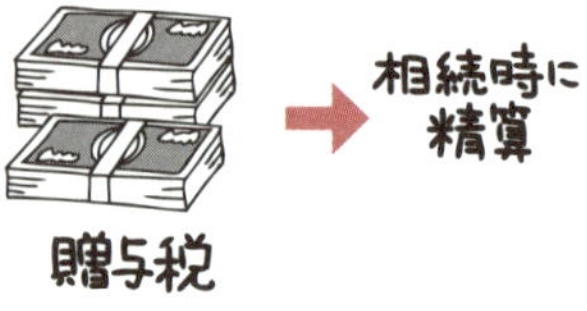

相続時精算課税制度を利用

03 不動産による相続対策

不動産は相続税の評価額が低くおさえられるため、それを利用した相続対策もあります。

不動産は評価額が低いことを利用する

平成二七年から相続税増税が始まり、対策として賃貸アパートや賃貸併用住宅などを建てる人が増えているようです。

相続において不動産を持つことのメリットは、相続税の評価額を低く抑えることができる点です。現金や預金は、残高そのままで評価されるのですが、土地であれば実勢価格の七～八割程度、建物であれば実勢価格の三～七割程度で評価されます。さらに土地建物を他人に貸している場合は、自分で使っているときよりも低く評価できるしくみになっていますので、賃貸アパートや賃貸併用住宅を建てることが相続税対策になるのです。

ただし、注意点もあります。建築当初はあまり問題にならないかもしれませんが、時が経過しアパートが老朽化した場合、多くの修繕費用がかかったり、空室が増えてくると賃料を下げざるを得なかったりすることもあります。

しかも借金して建物を建てた結果、相続税を減らすことができても、その後数年経ったら、空室が増えて賃料収入が減ったために借金の返済で困窮する事例も見受けられます。

また最近は、長期間の家賃保証をうたい文句に賃貸アパート建築をすすめてくる不動産業者もありますが、実際の契約内容をよく見てみると、賃料引き下げ条項が盛り込まれてあったり、途中で解約できる内容になっていたりしますので、十分に検討することが重要です。

04

税務調査ではココを見る

相続税の税務調査で指摘されやすい名義預金について知っておきましょう。

税務調査で指摘される名義預金とは

相続税の税務調査では、申告されていない財産がないか、隠し財産がないか、税務署がチェックします。税務調査は全ての人が対象ではなく、相続税を申告した人の約三〇％が調査の対象となっているといわれています。ただ、そのうち申告漏れなどを指摘される人は八〇％を超えているといわれています。

税務調査では、相続人と面談して関係書類を検査したり聞き取り調査を行ったりします。税務署員は世間話の中からでも、被相続人やその家族の生活状況や趣味などを探り、調査に必要な情報収集をします。自宅で預金通帳の保管場所や金庫の中を調べたりもします。

申告漏れを指摘される財産として一番多いのが、実は「現金・預貯金」です。ですので、預貯金などを中心に調査を進めていくのが一般的です。税務署は、金融機関から本人の預金口座の情報だけでなく、家族名義の預金口座の情報も入手して事前調査をします。

例えば、本人の預金口座から引き下ろした同じ時期に、妻や子どもの口座に同じ金額が入っているケースや、妻や子・孫が働いていないにもかかわらず多額の預金があるケースでは、その預金は故人の財産とみなされることがあります。このような形で指摘される預金は、「名義預金」と呼ばれています。妻や子ども・孫の名義を借りているだけで、実質的には故人の預金であると認定された預金をいいます。この「名義預金」は故人の財産として課税の対象にしなければなりません。

贈与であることの証拠を残しておく

贈与では、あげる側の「あげた」という意思表示と、もらう側の「もらった」という認識がなければ成立しません。節税対策のため、親が子どもに毎年贈与を行ったつもりでいても、親が贈与のことを子どもに知らせないまま子どもの通帳を管理していれば、税務署は、贈与は成立していない、預金の名義は子どもでも「名義預金」つまり親の財産である、とみなしてしまいます。

名義預金と指摘されないためには、贈与の証拠をきちんと残しておくことが大切です。お互いが署名した贈与契約書を作り、無駄遣いをしないようにくぎを刺した上で、預金通帳や印鑑、キャッシュカードは名義人（贈与を受けた人）に管理させる必要があります。

税務調査 Q&A

Q：税務調査はいつありますか？

A：相続税の申告後3年以内（多くは1～2年以内）、おおむね8月～12月です。

Q：どのように連絡が来ますか？

A：調査予定日の1週間～10日前くらいに、日程調整のための電話があります。相続人か相続税の手続きをした税理士に連絡があります。

Q：どこでどのように調査されますか？

A：朝10時頃から、自宅で調査が行われます。調査官（税務署の資産税担当者）が2名で来ることが多いです。調査には、数日～ひと月以上かかることもあります。

Q：調査日までにやっておくことはありますか？

A：調査官からの質問に答えられるような準備はしておく必要があります。調査日に相続の内容がよくわかっている相続人や税理士が立ち会うとよいでしょう。

05

二次相続の相続税まで考えた遺産分割を

遺産分割時には、一次相続、二次相続をトータルで考える必要があります。

トータルで考えて遺産分割する

夫婦のうち、先に亡くなった人の相続を一次相続、もう一人が亡くなったときの相続を二次相続といいます。とかくその場の相続だけに目が向きやすいのですが、実は、一次相続のときから二次相続に備えた対策が必要なのです。

例えば、父親が先に亡くなったケースで、一次相続は、母親（配偶者）が多くの財産を引き継いだ方が相続税は少なくなります。配偶者には「配偶者の税額軽減」と呼ばれる特例が認められていて、ほとんど相続税を支払う必要がないからです。ただし、その母親が亡くなった場合の二次相続では、今度は「配偶者の税額軽減」が使えませんし、基礎控除が一人分少なくなりますので、相続税がグッと増えてしまいます。

ですから、母親に相続税がかからないからといって、一次相続で母親が多くの遺産を相続すると、二次相続で多くの相続税を払うことになります。一次で安い相続税でも、一次、二次の相続税を合わせると、結局多くの相続税を払うことにもなりかねません。

つまり、一次相続であえて「配偶者の税額軽減」を最大限使わずに、多少相続税を払っても子どもに相続させておいた方が、一次相続・二次相続のトータルでの相続税が安くなる場合があるということです。このように、一次相続の段階で、その後に来る二次相続まで考えて遺産を分けることが重要です。

第2章

相続と遺言

相続の開始から相続税の申告・納税までのスケジュール

被相続人の死亡によって開始される相続について、相続税の申告・納税までのスケジュールを確認しましょう。

1	被相続人の死亡（相続の開始）
2	通夜
3	死亡届の提出（7日以内に死亡診断書を添付して市区町村長に提出）
4	葬儀
5	初七日法要
6	遺言書の確認（遺言書があれば、家庭裁判所で検認を受けた後、開封）
7	香典返し　四十九日の法要のころ
8	四十九日の法要

7日以内

9	財産や債務の概要の把握、相続を放棄するかどうか決める	
10	相続の放棄または限定承認（3カ月以内に家庭裁判所に申述）	3カ月以内
11	相続人の確認（被相続人と相続人の本籍地から戸籍謄本を取り寄せる）	
12	所得税の申告と納付（4カ月以内に被相続人の死亡した日までの所得を税務署に申告＝準確定申告）	4カ月以内
13	財産や債務の確定	
14	遺産の評価・鑑定	
15	遺産分割協議書の作成（相続人全員の実印と印鑑証明書が必要）	
16	相続税の申告書の作成、納税資金の準備、延納または物納（一括および金銭納付が困難な場合）にするか検討	
17	相続税の申告と納付（10カ月以内に被相続人の死亡したときの住所地の税務署に申告、納税）	10カ月以内
18	遺産の名義変更手続き（不動産の相続登記や預貯金、有価証券の名義書き換えをする）	

01

遺産相続の基礎知識

故人の残した遺産をスムーズに相続するために、基本的な事柄を知っておきましょう。

遺産相続とは

「遺産相続」とは、故人が生前に築いてきた財産を次世代に継承するものです。昔は戸主《こしゅ》（家の長）を中心とした家制度のもと、「家督《かとく》相続」という相続の形態がありました。戸主が亡くなる、あるいは隠居するなどした後、全ての財産は次の戸主（長男など）が単独で相続していたので、相続は現代に比べてシンプルでした。しかし、戦後の民法改正にともなって家制度は終了し、個人の尊重と平等に立脚する近代的制度に転換しました。現在では、遺産相続に関するさまざまなことが、法律で決められています。

身近な人の「財産」は、その人が亡くなった瞬間に「遺産」と呼ばれます。この遺産をどのように処理するのか、その手続きが「遺産相続」です。原則としては、亡くなった人と一定の血縁関係がある人が遺産を継承します。この場合、亡くなった人を「被相続人」、遺産を受け継ぐ人を「相続人」といいます。被相続人が死亡した時点から相続は開始されます。「遺産相続なんて縁起でもない」「まだ先の話だろう」とのんびりかまえていては、急に身近な人が亡くなって遺産を相続することになったときに慌ててしまいます。ですから、スムーズに遺産を相続するためには前もって知識を得ておくことが大切です。まずは前ページの相続の開始から相続税の申告・納税までのスケジュールと、次ページの遺産相続の流れを押さえておきましょう。

遺産相続の流れ

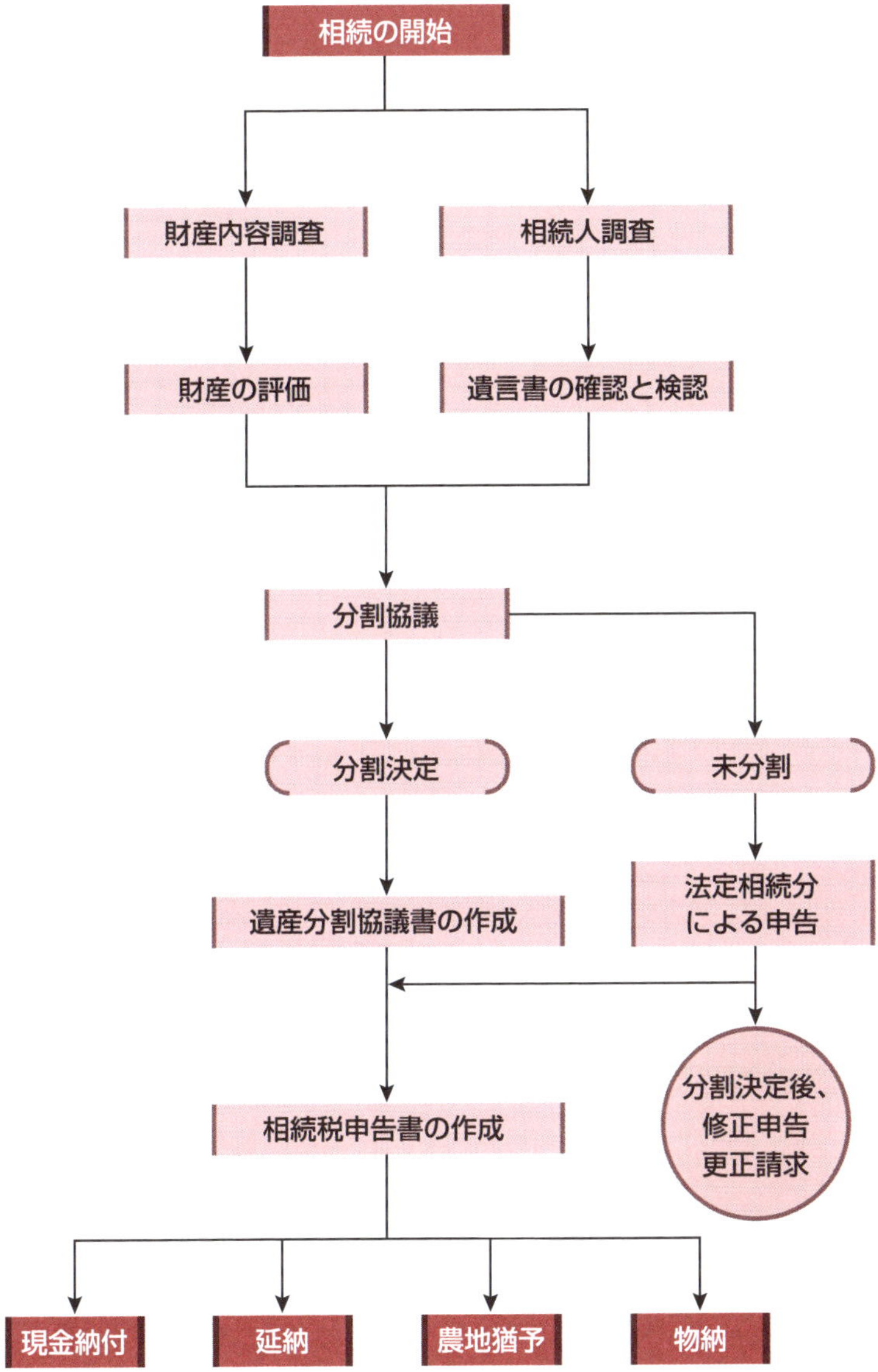
相続の開始
財産内容調査
相続人調査
財産の評価
遺言書の確認と検認
分割協議
分割決定
未分割
遺産分割協議書の作成
法定相続分
による申告
分割決定後、
修正申告
更正請求
相続税申告書の作成
現金納付
延納
農地猶予
物納

02

相続人調査と相続財産調査

相続が開始したら、相続人を確定するための調査と相続財産の内容調査が必要です。

相続人の調査

まずは、誰が相続人になるのかを調べるために、戸籍を取り寄せて確認しましょう。そこまでする必要はないと思うかもしれませんが、万が一家族が知らない相続人がいた場合、後述する遺産分割協議などが無効となる可能性があるからです（78ページ参照）。

家庭が複雑な事情を抱えている場合のみならず、念のため戸籍で確認しておいた方が安心です。また、相続人が多い場合や本来相続人となる人が被相続人より先に亡くなっている場合などは、相続人の確認が難しくなるので、その場合は専門家に依頼することも必要です。

相続財産の調査

相続財産の調査については、プラスの財産だけでなくマイナスの財産（借金など）についても必要です。特にマイナスの財産は隠されていることが多いので、借金や事業の負債だけでなく連帯保証人になっていないかなど、漏れのない調査をします。

後述するように、マイナスの財産について相続の放棄などもできますが、それにも三カ月以内という期限があります（55ページ参照）。ですから、それまでに確実な調査が必要になるのです。また、遺産を分割するために、遺産目録を作っておきましょう。

相続財産の種類

★プラスの財産
- 現金、預貯金
- 有価証券（株式、公社債、投資信託など）
- 不動産（土地、建物、借地権、借家権など）
- 動産（自動車、船舶、骨董品、貴金属、家財、衣類など）
- 棚卸資産（商品、原材料、製品など）
- その他（特許権、営業権、ゴルフ会員権など）

★マイナスの財産
- 借金（借入金、各種ローン、買掛金・未払金など）
- 税金の未払金
- 連帯債務、連帯保証
- 支払手形（発行している支払手形）
- 損害賠償債務
- 被相続人の入院費・治療費などの立替金

＊ 住宅ローン…通常は、ローンを組むときに団体信用生命保険に加入しているので、保険会社が残りのローンの支払いを行う。

Column

相続財産の調査の方法

一般的に相続財産を調査するには、被相続人が持っていた書類や預金通帳、郵便物などをチェックします。保管されている書類から不動産や有価証券について知ることができます。また、預金通帳からは預貯金の額だけでなく、さまざまなものへの支払状況なども確認できます。さらに、各所からの郵便物によって、それらの連絡先などがわかります。近年はパソコンやインターネットを利用している人も多いので、メールやパソコンに残っているデータなども確認が必要でしょう。

遺産目録

被相続人　×××××
死亡日　　××年○月△日

作成者　○○○○

1　不動産（土地）

所在	地番	地目	地積(㎡)	固定資産税評価額（円）	備考
○○市△△町二丁目	２番１	宅地	102.33	38,002,263	被相続人の自宅敷地
○○市△△町二丁目	２番２	宅地	45.34	11,668,061	被相続人の自宅敷地
○○市××字○○	３４番２	宅地	120.36	40,025,522	貸し駐車場
			合計	89,695,846	

2　不動産（建物）

所在	家屋番号	種類	構造	床面積（㎡）	固定資産税評価額（円）	備考
○○市△△町二丁目２番地１	２番１	居宅	木造スレート葺２階建	1階 40.25 2階 30.35	2,202,366	被相続人の自宅

3　預貯金

金融機関の名称	種別	口座番号	金額（円）	備考
○○銀行××支店	普通貯金	1536987	8,005,100	左記は死亡時の残高 ××年△月○日の最終残高は2,939,393円
△△信用金庫××支店	普通貯金	2658413	325,416	左記は死亡時の残高 ××年△月○日の最終残高は325,333円
		合計	8,330,516	

4　現金

所在場所	金額（円）	備考
自宅金庫内の現金	400,000	
財布の中の現金	12,635	
合計	412,635	

5　投資信託・株式等

取扱機関の名称	種別	銘柄	数量	評価額（円）	備考
○○証券	株式	××興業㈱の株式	263	3,156,000	左記は××年×月×日時の評価額
△△信託銀行	投資信託	○○○○	3,330,993	3,330,993	左記は××年×月×日時の評価額
			合計	6,486,993	

6　その他

種類	内容	評価額（円）	備考
自動車	車両番号　○○む　３０２－３３４２ 車種　○○○○	650,000	○○自動車販売の査定額

7　負債

債権者	内容	債務額（円）	備考
○○銀行○○支店	カードローン	300,000	
○○市役所	固定資産税（××年度分）	121,000	
○○市役所	住民税	362,000	
○○病院	入院費用	156,000	長男○○○○が立替払い
	合計	939,000	

03

法定相続人

法律上、相続人となる人（法定相続人）には、どのような人がなるのでしょうか。

相続人の優先順位

人が亡くなると、亡くなった人の権利義務は相続人に継承されます。この場合の亡くなった人（相続される人）を「被相続人」といい、法律上相続人となる人を「法定相続人」といいます。法定相続人となるのは配偶者（夫または妻）と血族です。

・配偶者相続人

法定相続人のうち、法律上の婚姻関係にある配偶者（夫または妻）は常に相続人となります。ただし、法律上の婚姻関係にある配偶者とは、結婚届を出している夫婦を指し、内縁関係（事実婚など）にある配偶者は相続を認められないことになっています。

Column

死亡の数日前に結婚した場合

例えば独身だった被相続人の面倒を、長年親族が協力しあって看病してきたような場合でも、死ぬ直前に被相続人が結婚すれば、その配偶者となった人は法定相続分に従った相続権を取得します。法律上の配偶者である限り、法定相続分に従った相続権があるのです。そのため、長年看病してきた親族が割り切れない思いを持つことがあります。

・血族相続人

血族とは、血のつながっている人や法律上これと同視される人（養子など）で、血族の相続人は次の順序で相続人になります。

第一順位　子

第二順位　直系尊属《ちょっけいそんぞく》（亡くなった人より前の世代で直通する系統の親族）

第三順位　兄弟姉妹

①子の相続権（第一順位）

実子も養子も子として平等に相続権があります。子がすでに死亡しているときは、その者の子（被相続人の孫）が相続人となります。このように被相続人の孫が子に代わって相続することを「代襲《だいしゅう》相続」と呼び、相続人となる孫を代襲者と呼びます。被相続人の子も代襲者となるべき孫もすでに死亡している場合、代襲者の子（被相続人の曾孫）が再代襲して相続人となります。

相続人となるためには、被相続人が死亡したときに人として生存していることが必要です。しか

相続順位

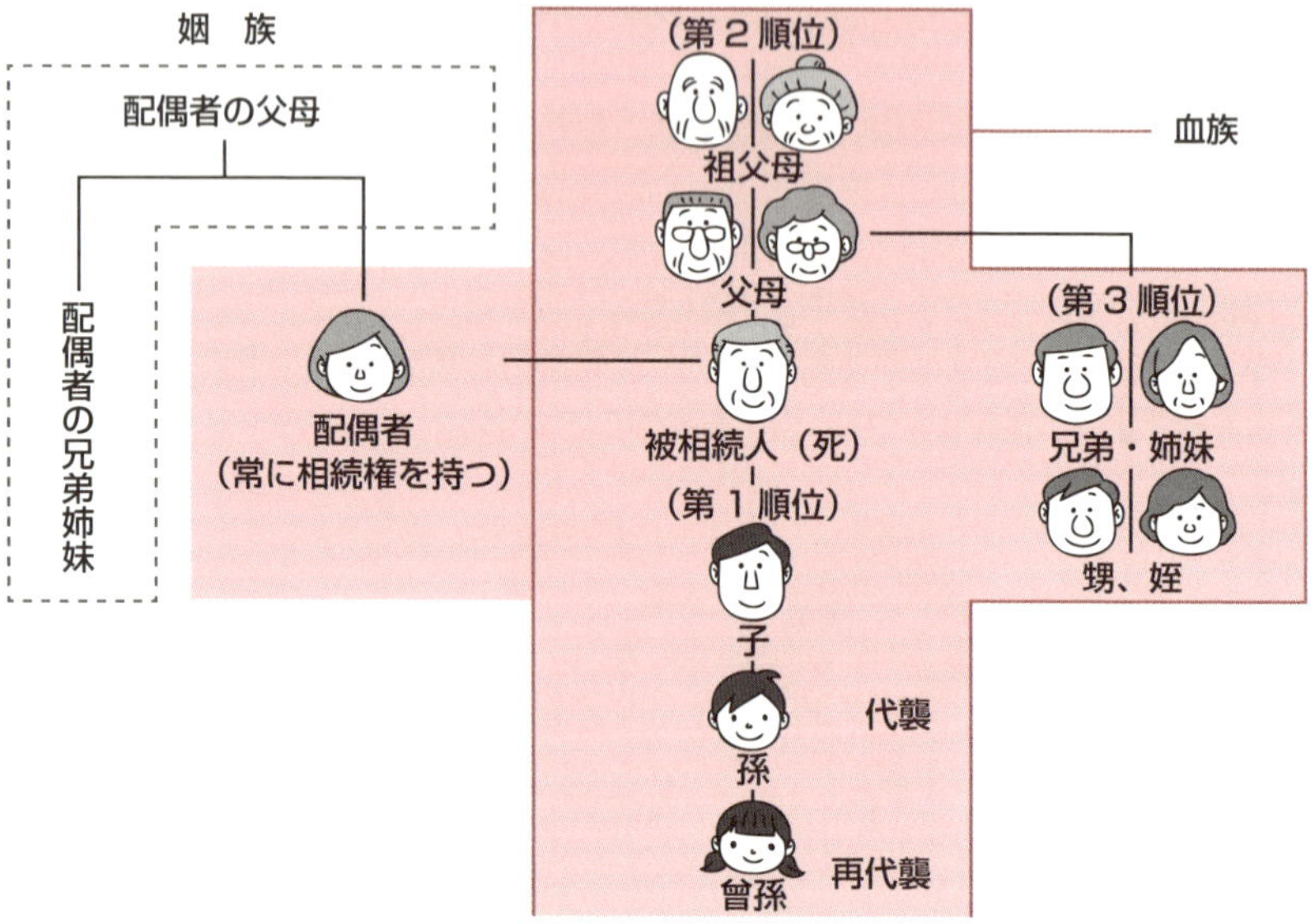

し、父が死亡したときには母のお腹にいて、まもなくしてから生まれた子について、民法は、相続については胎児はすでに生まれているものとみなすという規定を設けました。したがって胎児が生まれれば相続人となります。しかし死産などの場合は、相続人ではなくなります。

②直系尊属の相続権（第二順位）

第二順位の相続人は、第一順位の相続人がいないときにはじめて相続人になります。

直系尊属とは父母・祖父母など、亡くなった人より前の世代で、直通する系統の親族のことです。父母も祖父母もいるときは、死亡した人により親等の近い者が優先します。

実母・養母の区別はなく、親等の同じ直系尊属が数人いる場合には、共同相続人になります。

③兄弟姉妹の相続権（第三順位）

第三順位の相続人は第一順位、第二順位の相続人がいないときにはじめて相続人になります。

父または母の一方のみを共通にする兄弟姉妹も含みます。兄弟姉妹がすでに死亡しているときは、その者の子が相続人となります（代襲相続）。兄弟姉妹の代襲相続は、兄弟姉妹の子に限り認められており、兄弟姉妹とその子がすでに死亡している場合でも、兄弟姉妹の孫が代襲して相続することはありません。子の場合と異なり、兄弟姉妹には再代襲相続がないということです。

Column

代襲相続について

代襲相続は、被相続人の子どもがすでに死亡している場合のほか、被相続人の子どもが相続欠格または相続廃除により相続人となる資格を喪失した場合（63ページ参照）にも発生します。

しかし、被相続人の子どもが相続を放棄した場合、相続権は第2順位の相続人に移り、孫は代襲相続しません。なお、被相続人が死亡した直後に子どもが亡くなったとき、一旦子どもが被相続人から相続した相続分が、さらに子どもの相続人らに相続されることになりますが、これは代襲相続ではありません。

04

法定相続分

相続人が遺産を取得する割合は、法律で決まっています。

法律で決められた取得割合

遺産相続において相続人が数人いる場合、どのような割合で遺産を分けるかが問題となります。「遺言での相続は法定相続に優先する」ことから、被相続人の遺言（64ページ参照）があればこれに従うことになり、遺言がなければ法律の規定によって決められます。

遺言によって定められた相続分を「指定相続分」といい、法律の規定によって定められた相続分を「法定相続分」といいます。

わが国では被相続人が遺言で相続分を指定することはそれほど多くなく、法定相続分を基準に遺産分割がなされるのが一般的です。

民法は、次のとおり、法定相続分を定めています。配偶者しかおらず、子も直系尊属も兄弟姉妹もいない場合、配偶者がすべて相続します。

①配偶者と子が相続人である場合

子どもがいる場合、配偶者が二分の一、子どもが二分の一です。子どもが二人以上のときは、その二分の一を子ども全員で等分することになります。

②配偶者と直系尊属が相続人である場合

子どもがいない場合、配偶者が三分の二、故人の父母や祖父母などの直系尊属が三分の一です。相続権のある直系尊属が二人以上のときは、その三分の一を全員で等分することになります。

③配偶者と兄弟姉妹が相続人である場合

子どもや直系尊属がいない場合、配偶者が四分の三、兄弟姉妹が四分の一です。兄弟姉妹が二人以上のときは、その四分の一を全員で等分することになります。ただし、異腹の兄弟などのように父または母の一方だけが同じ兄弟姉妹の相続分は、父母とも同じ兄弟姉妹の相続分の半分とされています。

配偶者がいる場合、血族相続人の相続分は、子↓直系尊属↓兄弟姉妹と順位が落ちる度に二分の一↓三分の一↓四分の一となると覚えておくとよいでしょう。配偶者がおらず血族の相続人のみの場合には、各相続人が平等の割合で相続することになります。ただし代襲相続人《だいしゅうそうぞくにん》（孫、甥や姪）は被代襲者（子、兄弟姉妹）の相続分を受けることになります。

法定相続分の割合

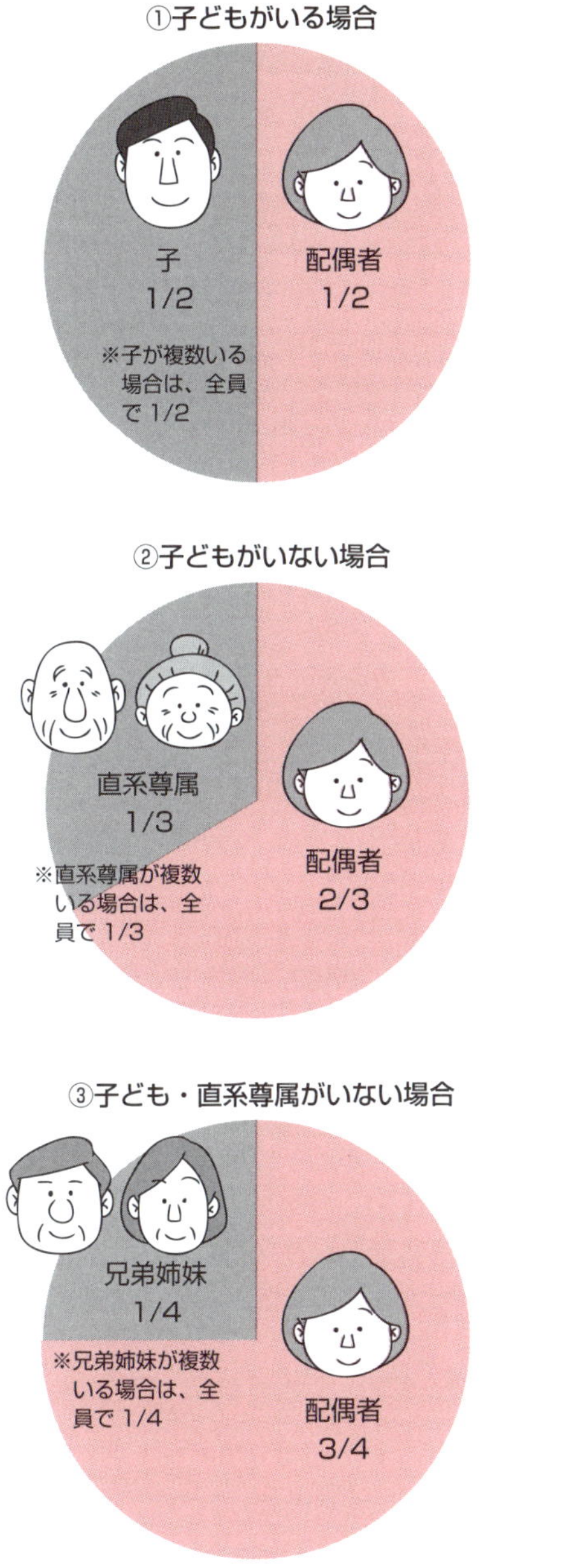

配偶者がいない場合

亡くなった人が独身であったり（離婚も含む）、配偶者がすでに亡くなったりしているケースもあります。こういった配偶者がいない場合の相続は、次のように①→②→③の順番で全部の相続権が移っていきます。

①子どもがいる場合

まず、子どもが相続人となります。例えば子どもが二人いれば、それぞれ二分の一ずつです。

②親や祖父母がいる場合

子どもがいない場合、次に親が相続人になります。例えば両親がいれば、それぞれ二分の一ずつです。親がいなければ祖父母が相続人になります。

③兄弟姉妹がいる場合

①、②がともにいない場合、次に兄弟姉妹が相続人になります。例えば兄弟姉妹が三人いれば、それぞれ三分の一ずつです。

Column

嫡出子と非嫡出子の相続分が同等に

嫡出子とは、法律上の婚姻関係にある男女（夫婦）の間に生まれた子をいい、非嫡出子（嫡出でない子）とは、法律上の婚姻関係にない男女の間に生まれた子をいいます。

平成25年12月、民法の一部を改正する法律が成立しました。これまで嫡出子の2分の1だった非嫡出子の相続分が、嫡出子の相続分と同等になりました。

これは、同年９月に、「法の下の平等」に照らした場合、嫡出子と非嫡出子の相続分は同等でなければならないという判決が出たことを背景としています。

新しい法律は、平成25年9月5日以後に開始した相続について適用されます。

法定相続人の例

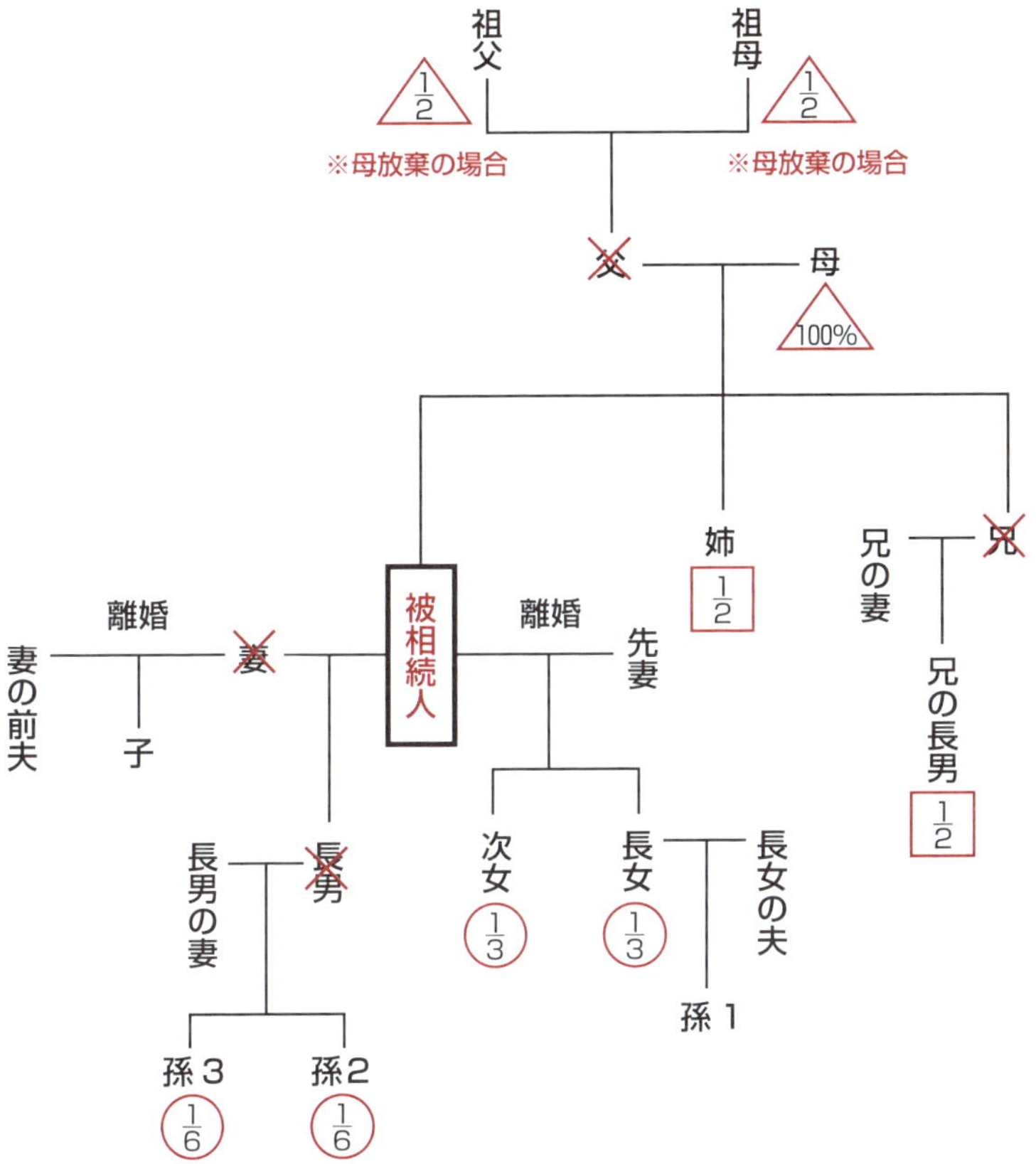

× は被相続人死亡前に死亡している人

○ 第１順位の相続人と相続分
長女 $\frac{1}{3}$ 次女 $\frac{1}{3}$ 孫2 $\frac{1}{6}$ 孫3 $\frac{1}{6}$

△ 第２順位の相続人と相続分
母 100%
母が相続を放棄すると祖父 $\frac{1}{2}$ 祖母 $\frac{1}{2}$

□ 第３順位の相続人と相続分
兄の長男 $\frac{1}{2}$ 姉 $\frac{1}{2}$

05 相続放棄

相続は必ずしなければならないものではなく、放棄することもできます。

相続するか放棄するか

相続は、財産だけでなく債務（借金など）も法定相続分に従って受け継がれます。つまり、財産が少ししかないのに多額の借金のある被相続人の遺産を相続してしまうと、相続人は被相続人に代わって借金を返さなければなりません。

また、たとえ負債よりも財産が多い場合でも、遺産を受け取りたくないという相続人もいます。そこで民法は、相続人に相続を承認するのか放棄するのかの選択を認めています。

法定相続人であっても相続を放棄した者は、最初から相続人でなかったものとして扱われるので、財産も負債も受け継ぐことはありません。

相続放棄申述書を提出

相続放棄をするためには必ず、被相続人の死後に家庭裁判所に申し出をしなければなりません。この申出書を相続放棄申述書といいます。

特に注意しなければならないのは、遺産分割の合意によって取得分をゼロとしても、これだけで相続を放棄したことにはならないということです。例えば、相続人の間で、遺産は全て長男が相続することを合意して協議書を作成し、遺産の名義も全て長男にしたとします。この場合、他の相続人は取得分をゼロとする遺産分割協議を成立させただけであり、相続放棄をしたわけではありません。結果、財産を一円も取得しなかったにもかかわらず、負債だけを相続してしまうことも起こりえます。

そうならないようにするために、必ず相続放棄申述書の提出が必要なのです。申述書の書式（57ページ参照）は家庭裁判所でもらえます。また家庭裁判所のホームページから書式をダウンロードすることもできます。

書類作成は簡単で、わからないことは家庭裁判所の窓口でも教えてもらえるので、専門家に依頼しなくても自分で手続きを行うことができます。

相続放棄申述書を提出しないと相続を放棄したことになりません。

三カ月の期間制限に注意

相続放棄は、相続の開始があったことを知ったときから三カ月以内（この期間を「熟慮期間」といいます）に、家庭裁判所に相続放棄申述書を提出して行います。

「相続の開始を知ったとき」とは、被相続人が亡くなったことを知り、自分が相続人になったことを知ったときを指します。

遺産の調査が三カ月間では間に合わない場合など、相当な理由があるときは相続人から裁判所に申し立てをして、熟慮期間を伸ばしてもらうことができます。

また、被相続人の死亡を知ってから三カ月を経過しても相続放棄が認められる例外的な場合がありますが（58ページ参照）、このような特殊な状況で手続きを行う場合には専門家に依頼した方が無難です。

申　述　の　趣　旨
相続の放棄をする。

申　述　の　理　由	
※ 相続の開始を知った日…………平成　　年　　月　　日	
1 被相続人死亡の当日	3 先順位者の相続放棄を知った日
2 死亡の通知をうけた日	4 その他（　　　　）

放棄の理由	相続財産の概略		
※ 1 被相続人から生前に贈与を受けている 2 生活が安定している。 3 遺産が少ない。 4 遺産を分散させたくない。 5 債務超過のため。 6 その他（　　　　）	資産	農地……約＿＿＿平方メートル 山林……約＿＿＿平方メートル 宅地……約＿＿＿平方メートル 建物……約＿＿＿平方メートル	現金 預貯金………約＿＿＿万円 有価証券……約＿＿＿万円
	負債………………………………約＿＿＿万円		

（注）　太枠の中だけ記入してください。　※の部分は，当てはまる番号を○で囲み，申述の理由欄の4，放棄の理由欄の6を選んだ場合には，（　　）内に具体的に記入してください。

Column

被相続人の死亡前の相続放棄はできない

相続放棄は、相続開始後つまり被相続人の死亡後でなければできません。

たとえば、長男が父の老後の面倒を見たり、看病をしたりするので、次男には予め相続を放棄させておきたいと考えても、そのような生前の相続放棄ができる方法はありません。

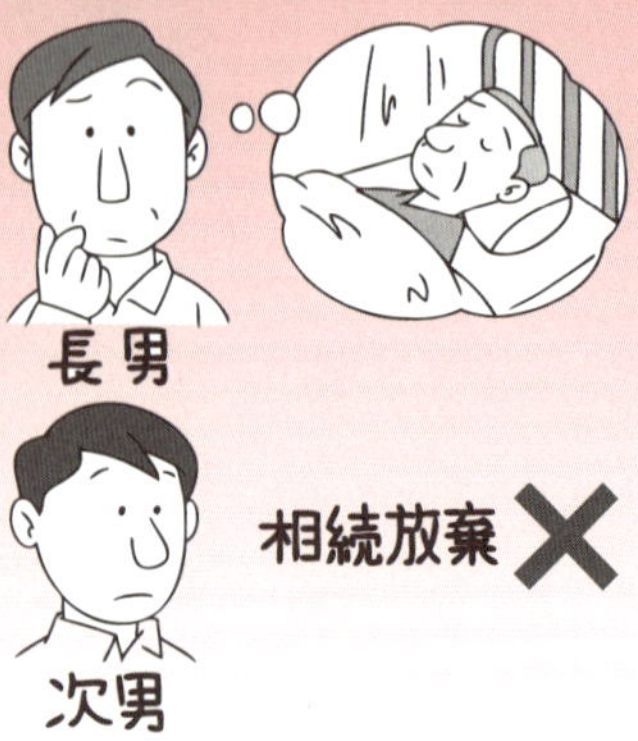

相続放棄申述書

受付印	相　続　放　棄　申　述　書
収入印紙　　円 予納郵便切手　　円	（この欄に収入印紙 800 円分を貼ってください。） （貼った印紙に押印しないでください。）

準口頭		関連事件番号　平成　　年（家　　）第　　　号

家庭裁判所 御中 平成　　年　　月　　日	申述人 〔未成年者などの場合は法定代理人〕 の記名押印	印

添付書類	（同じ書類は1通で足ります。審理のために必要な場合は，追加書類の提出をお願いすることがあります。） □ 戸籍（除籍・改製原戸籍）謄本(全部事項証明書)　合計　　通 □ 被相続人の住民票除票又は戸籍附票 □

申述人	本籍（国籍）	都道府県			
	住所	〒　　－　　電話　（　　） （　　方）			
	フリガナ 氏名		大正 昭和 平成　年　月　日生 （　　歳）	職業	
	被相続人との関係	※ 被相続人の………　1 子　2 孫　3 配偶者　4 直系尊属（父母・祖父母） 5 兄弟姉妹　6 おいめい　7 その他（　　　）			
法定代理人等	※ 1 親権者 2 後見人 3	住所	〒　　－　　電話　（　　） （　　方）		
		フリガナ 氏名		フリガナ 氏名	
被相続人	本籍（国籍）	都道府県			
	最後の住所		死亡当時の職業		
	フリガナ 氏名		平成　年　月　日死亡		

（注）　太枠の中だけ記入してください。　※の部分は，当てはまる番号を○で囲み，被相続人との関係欄の7，法定代理人等欄の3を選んだ場合には，具体的に記入してください。

相続放棄（1/2）

(942080)

遺留分の事前の放棄は認められる

被相続人の生前に相続の放棄は認められませんが、遺留分（73ページ参照）の放棄は認められています。例えば父親が生前に長男に全財産を相続させるという遺言書を作り、次男が遺留分の放棄をしておけば、父親が亡くなったとき遺言で長男が全財産を取得し、次男は遺留分を主張できません。ただし相続開始前の遺留分の放棄は、放棄する者が家庭裁判所に許可の申し立てをする必要があります。さらに、家庭裁判所がその放棄の理由が合理的だと判断して許可した場合にのみ認められます。

また注意しなければならないのは、遺留分を放棄しても相続人であることに変わりはないので、被相続人が遺言を作らなかったり、作ったとしても後から撤回したりした場合には、通常の法定相続人として遺産を取得することになります。

Column

死亡を知ってから3カ月を経過しても相続放棄が認められる場合

被相続人の死亡後、相続人が自分が相続人になったと認識してから３カ月が経過すると、相続放棄はできないのが原則です。しかし、相続人が「被相続人には遺産（特に負債など）がない」と信じていたために相続放棄を申し出なかったとしたらどうでしょうか？

このように「被相続人には遺産がないと信じていた」ことについて相当な理由と認められれば、たとえ３カ月が過ぎていても例外的に相続放棄が認められます。これは、「３カ月」という熟慮期間のスタートを、親が死亡したときではなく、相続人が相続財産の全部または一部の存在を認識したとき、あるいは通常認識できるであろうときに置くことによります（最高裁判所昭和59年4月27日判決）。他にも３カ月を過ぎていても放棄が認められる例外的な場合があるので、もし、後から被相続人の多額の負債が発覚したような場合には、弁護士などの専門家に相談するとよいでしょう。

06

単純承認と限定承認

相続を承認するとき、その範囲によって単純承認と限定承認の二つの方法があります。

相続を承認する場合

法定相続人は、相続を放棄するのか承認するのかの選択の自由が与えられています。相続を承認する場合、どの範囲で承認するかによって、さらに「単純承認」と「限定承認」のいずれかを選ぶことができます。

①単純承認

単純承認は、相続人が被相続人の権利義務を全面的に引き継ぐ場合です。これは、選択する人が最も多い、一般的な相続方法です。

しかし、マイナスの財産も引き継ぐので、被相続人に多額の借金があって遺産から返済できない場合には、相続人の固有の財産も返済に充てなければなりません。ですので、気になることがあれば、事前の相続財産の調査を徹底して行うことが重要です。

②限定承認

限定承認は、相続によって取得したプラスの財産の限度内でのみ、被相続人のマイナスの債務を負担するという制度です。

被相続人が生前にどのような借金をしていたのか正確にわからない場合もありますし、もし他人の連帯保証をしていた場合、主となっている債務者が弁済している間は請求が来ないので表面化しづらく、数年経ってから多額の負債が判明するということも起こりえます。そこで、相続人が過大な債務を負担しなくても済むように、この制度が設けられています。

法定単純承認

民法は次の場合、相続人が単純承認をしたものとみなすと定めています。

・相続財産の全部または一部の処分をした場合

・三カ月の熟慮期間内に限定承認または相続放棄をしなかった場合

・限定承認や相続放棄をしたときであっても、遺産を隠したり消費したりするなどの背信行為があった場合

なお、このように法律上、単純承認したものとみなされる場合を法定単純承認といいます。

「財産の処分」に注意

法定単純承認とみなされる原因となる「相続財産の処分」とは、遺産の現状や性質を変える行為を指します。つまり、遺産を売ったり取り壊したりする行為や被相続人の金銭請求権（売掛金債権など）を取り立てる行為などがこれにあたります。遺産分割協議（78ページ参照）を成立させることも「処分」にあたります。家の修繕など財産を維持するために必要な行為は「処分」にはあたりません。

相続財産の処分が単純承認とみなされるのは、相続人が自分が相続人になったことを知ったうえで行ったことが前提となります。よって、被相続人が亡くなったことを知らずに遺産を処分しても単純承認とはみなされません。

相続人となったら、まずは遺産を相続するのか、放棄するのかを検討します。

「財産の処分」にあたる？　あたらない？

債務の弁済

被相続人の債務（借金など）を弁済することは、遺産からではなく相続人固有の財産からの弁済であれば「処分」にはあたりませんが、遺産から債務の弁済をすると「処分」にあたると判断される可能性があります。

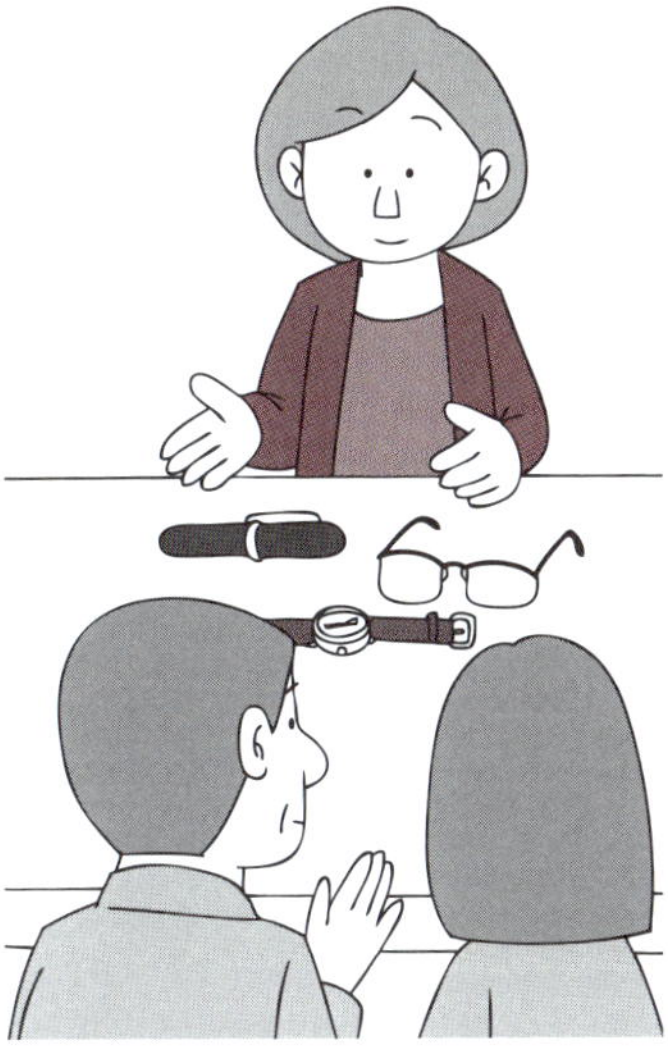

形見分け

形見分けは、財産的価値のない物であれば「処分」にはあたりません。

生命保険金の受け取り

生命保険金には、民法上の遺産となるものと、そうでないものがあります（80ページ参照）。遺産とならないものは、受け取っても遺産を「処分」したことにはなりません。

葬儀費用の支払い

遺族として当然営まざるを得ない程度の葬儀の費用であれば、遺産から支払っても単純承認にはならないと判断されるケースもあります。しかし、常にそのように判断されるとは限らないので、注意が必要です。

限定承認の手続きは難しい

限定承認は、相続によって取得したプラスの財産の限度内でのみ、被相続人のマイナスの債務を負担するというもので、相続人に都合のよい制度と思われるかもしれませんが、実際の利用はそれほど多くありません。それは、限定承認をすると、複雑で難しい清算手続きを行わなければならないことが原因の一つです。

限定承認の手続きを全て専門家に依頼することもできますが、費用は安くありません。さらに限定承認は税務上も特殊な処理が必要となりますので、事前に専門家とよく相談しておく方がよいでしょう。

なお、限定承認をするためには相続放棄と同様、相続開始を知ったときから三カ月以内（熟慮期間内）に、相続人が家庭裁判所に限定承認の申し出をする必要があります。相続人の「全員」が申し出をする必要があり、一部の相続人が反対すると限定承認を行うことはできません。

Column

熟慮期間の延長ができることも

相続放棄や限定承認などを決める熟慮期間は3カ月しかなく、この間に相続財産の調査がすべて終わらない場合や財産評価ができない場合もあります。

その場合は、家庭裁判所へ申し立てすることで、この熟慮期間を延長できることがあります。これを「熟慮期間の伸長」といいます。

期間の延長が認められるか、どの程度の期間の延長が認められるかは、その理由や障害となっている事由の解消にかかる期間によって裁判所が決定します。

また、必要があると判断されれば、複数回、熟慮期間の延長の申し立てが認められることもあります。詳しくは、弁護士などに相談するとよいでしょう。

07

相続欠格と相続廃除

相続人の資格を失わせる制度として、「相続欠格」と「相続廃除」があります。

相続人の資格を失わせる制度

遺産相続の性格からして、生前の被相続人に対して、重大な犯罪行為を犯した者や裏切り行為をした者に遺産を相続させることはふさわしくないといえます。

そこで、民法は「相続欠格」と「相続廃除《はいじょ》」という、相続人の資格を失わせる二つの制度を設けています。これにより、たとえ法定相続人であっても相続人としての資格を失う場合があるので注意が必要です。

・相続欠格

相続欠格は、何の手続きをしなくても法律上当然に相続の資格を失うというもので、民法は、次の場合を規定しています。

推定相続人（相続人になるはずの人）が、①被相続人を故意に殺し、または殺そうとして刑に処せられた場合、②詐欺・強迫によって被相続人に遺言を作らせたり、またはその作成を妨げたりした場合、③遺言書を偽造したり破棄したりした場合などです。

・相続廃除

相続廃除は、被相続人が家庭裁判所に申請するか、あるいは遺言書に記すことで相続人の資格を失わせるもので、民法は、次の場合を規定しています。

①推定相続人が被相続人に対し虐待、または重大な侮辱をした場合、②推定相続人にその他の著しい非行があった場合などです。

08

遺言

遺産相続について、故人の遺志を表明し、実現してくれるのが「遺言書」です。

遺言書とは

民法では血縁関係に沿って法定相続分を定めていますが、親子や夫婦などの関係性は家庭によってさまざまです。誰にどれだけ遺産を相続させるのかは、本来は故人の遺志に従う方が適切です。そこで、民法は故人の残す「遺言書」によって自己の財産を誰にどのように相続させるかを決める自由を認めています。

遺言書を遺しておけば、遺産の分割方法をめぐって、相続人同士が無意味な紛争になる事態を避けることができます。残された家族が財産をめぐっていがみ合うことほど、亡くなった故人にとって悲しいことはありません。

紛争になりやすいケース

自宅以外の遺産が少なく、共同相続人の1人が同居している場合	←	理由 別居の相続人が自宅を売却して代金を分けたいと考えるため
家業を継いでいる子どもがいて、家業のために必要な財産が遺産の大部分を占める場合	←	理由 家業を継いでいない相続人が、売却による遺産の分割を希望するため
共同相続人の中に先妻の子どもがいる場合	←	理由 先妻の子どもは他の相続人と人間関係が希薄なため
妻と兄弟姉妹が相続人となる場合	←	理由 妻と兄弟姉妹は人間関係が希薄なことが多いため

ですから相続人のためにも、被相続人になる人は紛争が起こりにくい内容の遺言書を作成しておく方が望ましいでしょう。

正しい遺言の三つの方式

遺言は、法律で定められた方式に従って作成されていなければ無効になってしまいます。生前、被相続人が口頭で子どもたちに言い聞かせていたことや日記などに書いた遺産分割についての考えは、法律上は遺言とは扱われません。

遺言書の作成方式としては、大きく分けて「普通方式」と「特別方式」があります。「特別方式」の遺言は、病気などで死期が迫っている人が証人三人以上の立ち会いのもと口述により行う方法や伝染病隔離者が行う方法、船舶の中で行う方法がありますが、これらはかなり特殊なケースです。

「普通方式」による遺言には、次の三種類があります。

①自筆証書遺言（自筆による遺言）
②公正証書遺言（公正証書による遺言）
③秘密証書遺言

自筆証書遺言の作成

自筆証書遺言とは、遺言者が遺言の全文、日付、名前を自署し、これに押印することによって作成する遺言です。

全て自署しなければならず、ワープロ書きは無効になります。押印は認め印でもよく、住所の記載は不要です。封書にする必要はなく裸のまま保管していても有効です。

また、遺言書に誤字があっても意味がはっきりとわかれば有効ですが、訂正をする場合には特別の方式が定められています。遺言者がその場所を指示し、これを変更した旨を付記して特にこれに署名し、かつその変更の場所に印を押さなければなりません。

仕事で契約書などを訂正する場合によく行われるような、修正箇所に二本線を引いて書き直して訂正印を押すだけでは有効な訂正とならないので注意が必要です。

自筆証書遺言のメリット・デメリット

●メリット

いつでも作成できる／証人は必要ない／誰にも知られずに作成することができる

●デメリット

法律的な知識がないと、形式の不備により無効となったり、表現の解釈を巡って却って紛争になったりすることがある／本当に本人が書いたものなのか、争いになることがある／作成時に遺言書の内容を理解できる判断能力があったのか否か、争いになることがある／死亡後に発見されなかったり、第三者に破棄されたりする可能性がある／家庭裁判所における検認の手続きが必要

Column

自筆証書遺言は家裁での検認が必要

自筆証書遺言は、家庭裁判所で検認の手続きをしなければなりません。検認とは、家庭裁判所において相続人立ち会いのもと遺言の内容や状態を確認する手続きです。

相続人に対して遺言の存在と内容を知らせるとともに、遺言書の状態を明確にして遺言書の改変を防止するためのもので、遺言の有効・無効を判断するためではありません。遺言書が封書になっている場合、家庭裁判所において開封しなければなりません。

●公正証書遺言の作成

公正証書遺言とは、公証役場の公証人に依頼して作成してもらう遺言です。公証人が遺言者の希望する遺言の内容を文書にし、これを遺言者に読み聞かせるか閲覧をさせた後、遺言者が署名・押印をして作成します。

遺言者が署名できない場合は、公証人がそのことを付記して、署名に代えることができるので、

病気などで字を書くことができない人でも遺言書を作成することができます。公証役場にいかなくても、公証人に出張してもらって作成することも可能です。

公正証書遺言の作成には、二人以上の証人が必要です。

なお、公正証書遺言の作成には手間がかかりますが、自筆証書遺言と効力は変わりません。せっかく公正証書遺言を作っても、その後にこれと矛盾する自筆証書遺言が作成されれば、後に作られた自筆証書遺言が優先することになります。

Column

遺言の証人になることができない人

遺言の証人は、誰でもよいというわけではありません。次に該当する者は遺言の証人になることができません。

・未成年者
・推定相続人
・受遺者（遺言によって財産を譲り受ける人）
・推定相続人、受遺者の配偶者および直系血族

公正証書遺言のメリット・デメリット

●メリット

公証人が文書を作成するため、形式の不備を理由に無効となることがない／偽造が問題となることがない／公証人が本人の判断能力があることを確認しながら作成するので、有効性が争いになる可能性が低い／本人は署名、押印するだけでよい／原本が公証役場に保存されるため、遺言書がなくなったり破棄されたりする危険がない／病気等で署名ができない場合でも作成できる／家庭裁判所における検認の手続きが不要

●デメリット

公証人に依頼する必要があり、その手間がかかる／公証人の手数料が必要／証人が２人以上必要

秘密証書遺言の作成

秘密証書遺言とは、遺言者が遺言の証書に署名・押印して封書にし、これを公証人と証人二人以上に提出して、自分の遺言であることを述べて作成する遺言です。

封書にしてから公証人に提出するので、せっかく公証人が関与するのに遺言内容に法律的な問題がないかチェックしてもらうことができず、内容に不備があれば無効になってしまうことがあります。実際には、あまり使われていない方式です。

遺言は撤回できる

遺言者は、いつでも遺言の全部または一部を撤回することができます。撤回は遺言の方式に沿った方式が必要ですが、同一方式でなくてもよいので、公正証書遺言を自筆証書遺言で撤回することができます。

前の遺言と後の遺言など、複数の遺言が存在してその内容が異なる場合、異なる部分については、後の遺言で前の遺言が撤回されたものとみなされます。

また、遺言をした後にこれと矛盾する生前処分（売却など）があると、その部分について遺言が撤回されたものとみなされます。

遺言者自身が遺言を破棄したり、遺贈の目的物を破棄したりした場合も、その部分については遺言が撤回されたものとみなされます。

遺言が複数ある場合は、後の遺言で前の遺言が撤回されます。

09 遺言で実現できること

遺言は自由に作れますが、法的に効力を持つものは限られています。

法定遺言事項とは

自分の遺言書なのだから自分の意思を自由に書くことはできますが、遺言として残したからといって、すべてが実現されるかどうかは別です。遺言が法的に効力を持つ事柄（「法定遺言事項」という）は限られています。つまり、これにあたらない遺言は効力がないのです。法的遺言事項には、次の三つがあります。

①法定相続分と異なる相続分の指定

遺言によって、相続分を指定することができます。例えば、長女に二分の一、次女と三女には四分の一ずつ相続させるというように、法定相続分と異なる相続分を指定できます。

②遺産の分割方法の指定

遺言によって、遺産の分割方法を定めることができます。遺言がない場合、誰がどの遺産を取得するのかなどを相続人の間で協議しなければなりません。例えば、遺言書に土地家屋を長男に、預貯金を長女に相続させるなど、どの遺産を誰に相続させるか記載されていれば、このような話し合いが不要になります。

遺産分割方法の指定として、ある財産を特定の相続人に取得させる場合、○○の土地はAに「相続させる」と書きます。この「相続させる」遺言は、次の「遺贈」とは区別されます。

③遺贈（遺言による贈与）

遺言によって財産を他人に与えることを「遺贈」といいます。遺贈は法定相続人に対しても全くの他人に対しても行うことができます。特定の財産を遺贈することもできれば（特定遺贈）、「遺産の三分の一をAに遺贈する」というように包括的な割合を示して遺贈することもできます（包括遺贈）。

　包括遺贈の場合、受遺者（遺贈を受ける者）は相続人と同様に権利義務を引き継ぐため、被相続人に債務があれば、それまで引き継ぐことになります。

Column

「相続させる」と「遺贈する」は意味が違う

　遺言によって法定相続人に特定の財産を取得させる場合は、Aに「遺贈する」ではなく「相続させる」と記載した方がよいでしょう。「遺贈する」という表現は文字どおり「遺贈」を、「相続させる」という表現は「遺産の分割方法の指定」を意味し、「相続させる」という遺言の方が、相続登記の手続きが簡便になるなどのメリットがあるからです。ただし、法定相続人以外の者に特定の財産を取得させる場合には、遺贈の方法によるほかありません。

そのほかに遺言で実現できること

　前述の三つのこと以外にも、遺言で実現できることは数多くあります。

・遺産分割の禁止

　相続開始のときから五年を超えない期間、遺産の分割を禁止することができます。

・遺留分減殺方法の指定

　遺贈があって、ある相続人の遺留分（73ページ参照）が侵害されている場合、その相続人は受遺者に対して遺留分にあたる部分を渡すように請求することができます。これを「遺留分減殺《げんさい》請求」と呼んでいます（75ページ参照）。そして、複数の遺贈がある場合、遺留分を侵害された相続人は、遺留分減殺請求権を行使する遺贈を選ぶことはできず、全ての遺贈に対し、遺贈された財産の価値の比率に応じて遺留分の減殺請求をしなければなりません。しかし、遺言者がこれと異なる減殺方法を遺言に記載しておけば、その記載に従って減殺されることになります。

・推定相続人の廃除

相続廃除は、相続人の資格を喪失させるもので、被相続人が家庭裁判所に申請するかあるいは遺言書に記すことで可能です（63ページ参照）。

・認知

婚外子を認知することができます。

・祭祀承継者の指定

位牌や仏壇、仏具、墓地、墓石などの祭祀財産は、通常の財産と区別されて遺産分割協議の対象とはならず、先祖の祭祀を主宰すべき者（「祭祀承継者」という）が承継します。被相続人は生前に祭祀承継者を指定しておくことができます。遺言で指定してもよいし、それ以外の方法で指定することもできます。

・保険金受取人の変更

生命保険の保険金の受取人を、遺言で変更することができます。

・遺言執行者の指定

遺言者は、遺言で、遺言執行者を指定することができます。遺言執行者とは、遺言を執行する権限を持っている人のことです。

Column

遺言による特別受益の持ち戻し免除

ある相続人が、被相続人から生計の基礎となるような生前の贈与を受けたり、遺贈を受けたりする場合、これを「特別受益」として被相続人が相続の開始のときに持っていた財産の価額にその贈与の価額を加えたものを相続財産とみなして遺産が分配されます。これを「特別受益の持ち戻し」といいます（84ページ参照）。

しかし、被相続人が持ち戻しを免除する意思表示をした場合には、遺留分を侵害しない範囲内で効力があります（民法903条3項）。免除の意思表示は遺言によらずにすることもできますが、遺言書に記載することもできます。

自筆証書遺言の例

遺言書

1　私は下記の土地及び建物を長男法研一郎に相続させる。　※1

記

○○市△△町三丁目××番×の土地（地積○○．○○㎡）
○○市△△町三丁目××番地× 家屋番号××番×の建物
（床面面積○○．○○㎡）　※2

2　私は前項の不動産以外の一切の財産を妻法研花子に相続させる。

3　私は先祖の祭祀主宰者として妻法研花子を指定する。　※3

4　私は本遺言の執行者として長男法研一郎を指定する。　※4

２０××年○月△日　※5

法　研　太　郎　　㊞　※6

※1　法定相続人に財産を取得させる場合には「遺贈する」よりも「相続させる」と書く方がよい。

※2　不動産は登記上の記載と同じように表記する。

※3　祭祀承継者を指定することで、位牌や仏壇、仏具、墓地、墓石などの祭祀財産を承継する者を指定できる。

※4　遺言を執行する者を指定できる。遺言で財産を取得する者を指定してもよい。

※5　日付の記入がないと無効になる。

※6　署名だけでなく遺言書全体を自筆で書く必要がある。住所は書かなくてもよく、印鑑は認め印でも有効。また遺言書を封書にしなくても有効。

10 遺留分

最低限守られている相続人の遺産の取り分を「遺留分」といいます。

最低限守られている取り分

遺留分とは、被相続人の兄弟姉妹以外の法定相続人が最低限、相続することができる財産をいいます。例えば、被相続人が遺言で財産を全て長男に相続させることとしても、次男や三男は、自分の遺留分を主張して、最低限守られている取り分を要求することができます。

遺留分の割合は、民法で次のとおり定められています。

・直系尊属（父母、祖父母など）だけが相続人である場合…遺産の三分の一

・その他の場合…遺産の二分の一

右記の割合で留保された全体としての遺留分を、遺留分権利者である相続人に法定相続分の割合で配分します。したがって、多くの場合、遺留分権利者の個別の遺留分は、前記遺留分割合×法定相続分で算定されます。

例えば、妻と子ども二人が法定相続人の場合、各人の遺留分は、妻が四分の一（遺留分割合1/2×法定相続分1/2）、子どもが八分の一ずつ（遺留分割合1/2×法定相続分1/4）になります（全体の遺留分割合は遺産の二分の一）。

しかし配偶者と兄弟姉妹が相続人の場合、兄弟姉妹には遺留分が認められないので、全体の遺留分二分の一は全て配偶者に配分されます。したがってこの場合、配偶者の遺留分は二分の一になります。遺留分割合（1/2）×法定相続分（3/4）が配偶者の遺留分ではないので注意が必要です。

遺留分の割合

相続人のパターン	相続人	遺留分
配偶者のみ	配偶者	2分の1
子ども（直系卑属）のみ	子ども	子ども全員で2分の1　※
親（直系尊属）のみ	親	3分の1　※
配偶者と子ども	配偶者	4分の1（1/2×1/2＝1/4）
	子ども	子ども全員で4分の1 （1/2×1/2＝1/4）　※
配偶者と親	配偶者	3分の1（1/2×2/3＝1/3）
	親	6分の1（1/2×1/3＝1/6）　※
配偶者と兄弟姉妹	配偶者	2分の1
	兄弟姉妹	遺留分なし

※複数いる場合は等分する

★遺留分の計算例

相続財産5,000万円、遺言で「長男に2,000万円、長女に2,000万円、妻に1,000万円相続させる」とあるケース

【妻の遺留分】

5,000万円×1/4＝1,250万円

【子ども（長男と長女それぞれ）の遺留分】

5,000万円×1/4×1/2＝625万円

☞よって、妻は

1,250万円－1,000万円＝250万円を要求することができる。

遺留分減殺請求とは

遺留分は、遺言で特定の相続人に財産を多く相続させた場合のほか、被相続人が生前に財産を贈与した結果、相続時に財産が少なくなってしまった場合にも主張できます。このように遺留分を侵害された相続人が、財産を多く取得した人に対して財産を渡すように求めることを「遺留分減殺請求」といいます。

遺留分減殺請求権のある相続人（遺留分を侵害されている人）が複数いる場合、遺留分減殺請求権を行使するか否かは各人の意思に委ねられています。なお、遺留分減殺請求権があるにもかかわらず行使しない相続人がいても、他の遺留分権利者の減殺請求権が増えることにはなりません。

減殺されるべき遺贈および生前贈与が存在するときは、まず遺贈から減殺します。法定相続人に対し「相続させる」遺言（69ページ参照）で財産を相続させた場合も遺贈と同様に扱われます。

遺贈が複数ある場合には、遺言者の別段の意思表示がなければ、遺贈の価額の割合に応じて減殺されます。遺贈が減殺され、それでも遺留分が確保できないときは生前の贈与が減殺されます。贈与が複数あるときは、新しいものから順に減殺していきます。

なお、遺留分権利者が、減殺する遺贈を自由に選ぶことはできません。ただし、遺言で指定があれば、その指定に従います。

遺留分減殺請求権を行使するか否かは、各相続人の意思によります。

Column

物件の返還に代えて
金銭の支払い要求はできる？

遺贈や生前贈与で金銭以外の財産をもらい受けた人が、遺留分を侵害された相続人から減殺の請求をされた場合、現物を返還する義務があります。ここでいう現物返還とは、侵害された遺留分の額に応じて、もらい受けた財産の一部（共有持分）を返還するということで、遺留分減殺請求の結果、その目的物は共有の状態になります。遺留分減殺請求をする相続人は、現物返還の代わりに金銭の支払いを要求することはできないことになっています。ただし、遺留分減殺請求を受けた人が現物の返還に代えて価額による弁償をすることを選択した場合には、金銭請求ができるようになります（最高裁判所平成20年1月24日判決）。

減殺請求の時効は一年間

遺留分減殺請求は一年で時効になるため、遺留分が侵害されたことを知ったときから一年以内に遺留分減殺請求を行使する意思表示をする必要があります。意思表示の相手方は、遺言や生前贈与により財産を取得した人です。

遺留分が侵害されたことを知らなければこの一年の時効期間は進行しませんが、被相続人の死亡から一〇年間を経過すると、遺留分減殺請求権はなくなります。ただし、期間内に遺留分減殺請求の意思表示さえしておけば、金銭の支払いや財産の移転を求める法的手続き（調停申立や訴訟提起など）は期間後に行っても大丈夫です。

この意思表示は口頭でもよいのですが、遺留分減殺請求の消滅時効にも関わるので、配達証明付きの内容証明郵便で遺留分減殺請求書を送っておくとはっきりします。

遺留分減殺請求の流れ

遺留分減殺請求の意思表示

↓

協議

・協議
相手方との話し合いで交渉が成立すれば、それで終わりです。交渉が成立したら、合意書か遺産分割協議書を作成します。話し合いは口頭でも、結果は書面化しておくと安心です。

↓

調停（家庭裁判所）

・調停
協議で決裂した場合は、調停を家庭裁判所に申し立てます。調停申立書を提出し、中立な調停員を間に挟んで話し合いをします。話し合いがまとまらなければ調停は不成立となります。

↓

調停成立 / 調停不成立

↓（調停不成立）

訴訟（地方裁判所または簡易裁判所）

・訴訟
調停が不成立となった場合、地方裁判所（訴額が140万円以下の場合には簡易裁判所）に訴訟を起こします。裁判所は遺留分減殺請求の可否、金額などを判断し、判決を出します。判決に不服がある場合には、高等裁判所（第1審が簡易裁判所の場合には地方裁判所）に控訴をすることが可能です。控訴審の判決に不服がある場合には、上告及び上告受理の申し立てという制度がありますが、申し立てが認められることはまれです。

↓

判決

控訴なし → 判決確定

控訴あり → 控訴審（高等裁判所または地方裁判所）

↓

判決

※遺産分割の場合は家裁の調停→審判の流れで結論が決まるのに対し、遺留分減殺請求は家裁の調停→地方裁判所（簡易裁判所）の訴訟の流れで結論が決まることになります。

11 遺産分割協議

遺言書がない場合、遺産の分割は相続人全員が参加しての遺産分割協議によって行います。

相続人全員の参加が必要

遺産をどのように分けるのかは、相続において最も重要な問題の一つです。遺言書で遺産分割の方法が指定されていればこれに従うことになりますが、遺言書がない場合、まずは相続人同士の協議により分け方を決めることになります。相続人全員が遺産分割について合意すれば、遺産分割協議が成立します。

注意が必要なのは、一部の相続人を除いた遺産分割協議は無効だということです。したがって、相続人のうち一人でも遺産分割の方法について合意しないと、遺産分割協議を成立させることができなくなります。

Column

協議に参加できない相続人がいるとき

●未成年者がいるとき（その親権者も相続人）

⇒家庭裁判所に「特別代理人選任」の申し立てをします。未成年者が複数いる場合には、それぞれ特別代理人が必要です。選任された「特別代理人」が未成年者に代わって遺産分割協議に参加します。

●認知症や知的障害・精神障害のある相続人がいるとき

⇒判断能力に問題がある場合は、家庭裁判所に「後見開始の審判」の申し立てをします。選任された「成年後見人」が遺産分割協議に参加します。

●行方不明の人がいるとき

⇒家庭裁判所に「不在者財産管理人選任」の申し立てをします。選任された「不在者財産管理人」が、家庭裁判所の権限外行為許可を得て遺産分割協議に参加することができます。

＊上記のような手続きが必要な場合、遺産相続までに相当の時間がかかります。

遺産分割の四つの方法

遺産分割協議における遺産の分割方法には、次の四つがあります。

・**現物分割**

遺産をそのままの状態で分割します。土地を分筆して分ける場合などがこれにあたります。

・**代償分割**

共同相続人の一人または数人に遺産を取得させ、その遺産を取得した相続人に他の相続人に対して金銭を支払う義務を負わせることによって分割する方法です。

・**換価分割**

遺産の全部または一部を売買・競売などで金銭に変え、これを分割する方法です。

・**共有取得による分割**

共同相続人に、遺産を共有取得させる方法です。

遺産分割の方法

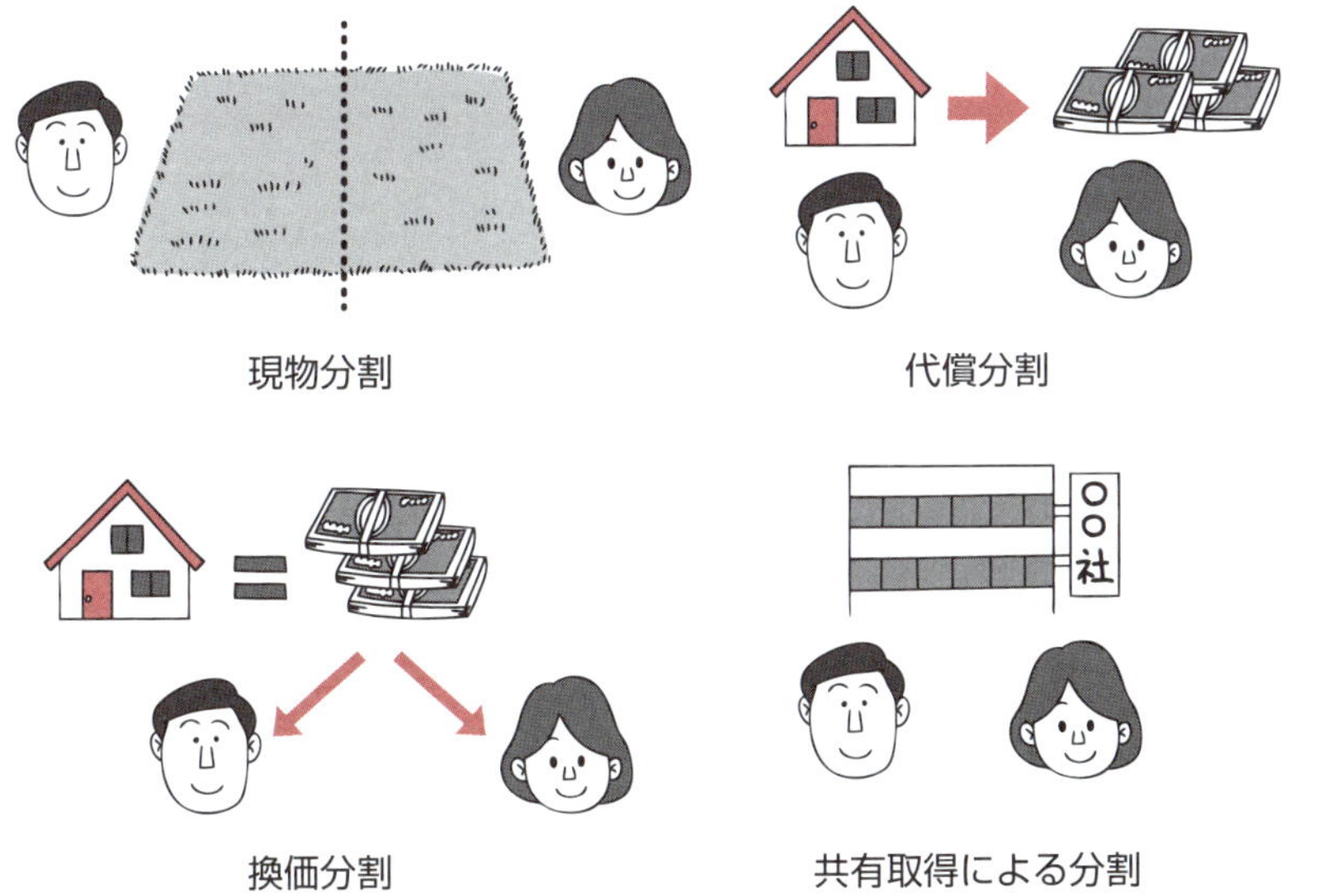

預貯金についてのルールが変更

　預貯金は、遺産分割協議をしなくても各相続人に法定相続分に従って当然に分割されるというのが以前の裁判例でした。そのため各相続人は遺産分割協議が未了でも、金融機関に対して、相続分に応じて分割して支払うように要求することができると考えられていたのです。
　しかし最高裁判所が、二〇一六年一二月にそれまでの裁判例を変更する決定をし、普通預金について、協議や調停などにより遺産分割が完了しなければ、金融機関から払い戻しを受けることができなくなりました。定期預金についても、二〇一七年四月の判決で、同様に扱うことが示されました。これまで預貯金は遺産分割の対象にならないといわれることがありましたが、今後は他の財産と同じく遺産分割の対象となり、遺産分割が終わらない限り、払い戻しを受けることができません。

Column

遺産分割の対象にならないもの

●死亡保険金

　死亡保険金の受取人が被相続人以外の人に指定されている場合には、死亡保険金は遺産ではなく、受取人の固有の財産となります。相続税法においては、死亡保険金がみなし相続財産として遺産と同様に扱われる場合がありますが、家庭裁判所における遺産分割の手続きにおいては遺産とは扱いません。ただし、保険金の額や保険金の遺産総額に対する比率、相続人と被相続人の関係性、各相続人の生活実態などの諸般の事情を考慮して、不公平が著しいと評価された場合には、特別受益に準じて持ち戻しの対象になる（84ページ参照）場合があります。

●祭祀財産

　位牌や仏壇、仏具、墓地、墓石などの祭祀財産は、通常の財産と区別され、先祖の祭祀を主宰すべき人（「祭祀承継者」という）が受け継ぎます。祭祀承継者は、遺言で被相続人の指定があればこれにより決まりますが、指定がなければ、慣習によるか、家庭裁判所が定めることになります（民法897条）。

遺産はどのように評価するのか

遺産分割に際して、遺産は時価（取引価格）で評価することになりますが、評価方法について絶対的な基準がありません。そのため、しばしば当事者間で不動産などの遺産の評価をめぐって争いが起こることがあります。

評価する時点をいつにするかについては「遺産分割のとき」となりますが、評価時と遺産分割時は同時ではないので、遺産分割時にできる限り近い時期の評価額を用いることになります。なお、遺留分算定のための評価の場合は相続開始時で評価します。

不動産の評価額をめぐって争いになった場合、不動産鑑定士に鑑定を依頼することもあります。しかし、鑑定士によって不動産の評価額が異なることがあるため、ある相続人から依頼された不動産鑑定士の評価額では、他の相続人が納得しないことがあります。

そこで遺産分割調停などにおいては、裁判所が選任する中立な鑑定士に、鑑定評価を依頼することになります。しかし､その鑑定費用は安くなく、当事者があらかじめ納めなければなりません。そのため実際には、鑑定士を利用せずに相続税評価額や公示価格、不動産業者に無料で作ってもらう査定書などをもとに話し合いで評価を確定していくことが多くあります。

協議がまとまらないときは審判へ

遺産分割の協議がまとまらないときは、相続人は相手方（他の相続人など）の住所地を管轄する家庭裁判所に遺産分割調停の申し立てを行うことができます。家庭裁判所は、遺産の性質や状況、当事者の希望など、一切の事情を考慮して、いずれの分割方法（79ページ参照）によるか判断することになります。

遺産分割手続きの流れ

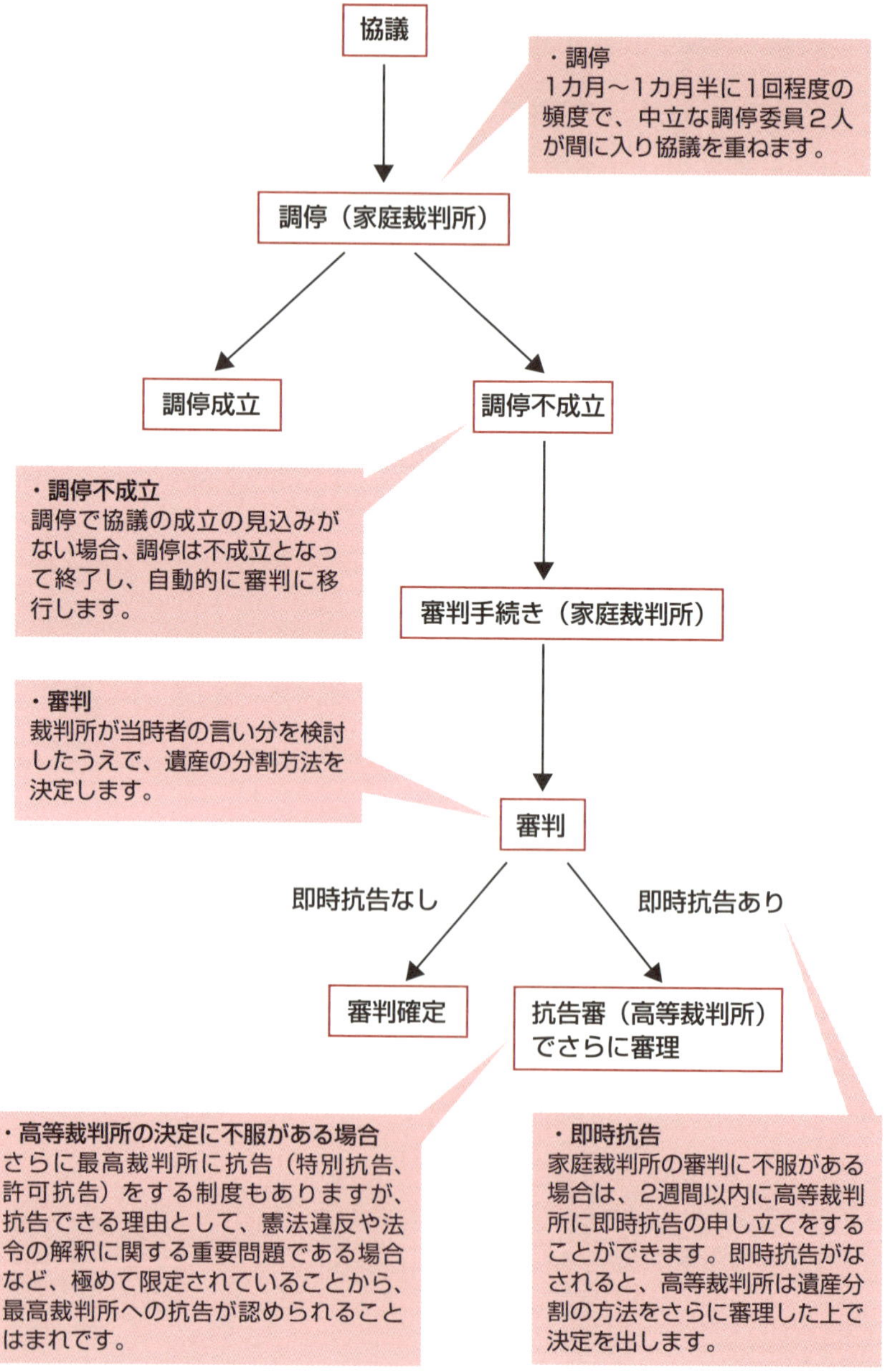
協議
・調停
1カ月～1カ月半に1回程度の頻度で、中立な調停委員2人が間に入り協議を重ねます。
調停（家庭裁判所）
調停成立
調停不成立
・調停不成立
調停で協議の成立の見込みがない場合、調停は不成立となって終了し、自動的に審判に移行します。

審判手続き（家庭裁判所）
・審判
裁判所が当時者の言い分を検討したうえで、遺産の分割方法を決定します。
審判
即時抗告なし
即時抗告あり
審判確定
抗告審（高等裁判所）でさらに審理
・高等裁判所の決定に不服がある場合
さらに最高裁判所に抗告（特別抗告、許可抗告）をする制度もありますが、抗告できる理由として、憲法違反や法令の解釈に関する重要問題である場合など、極めて限定されていることから、最高裁判所への抗告が認められることはまれです。
・即時抗告
家庭裁判所の審判に不服がある場合は、2週間以内に高等裁判所に即時抗告の申し立てをすることができます。即時抗告がなされると、高等裁判所は遺産分割の方法をさらに審理した上で決定を出します。

遺産分割協議書の例

遺産分割協議書

東京都港区○○町□□番△△号　共同相続人法研一郎
東京都中央区○○町□□番△△号　共同相続人法研次郎
神奈川県横浜市○○町□□番△△号　共同相続人○○花子

平成△年○月□日、法研太郎の死亡により、右共同相続人間において、次のとおり遺産分割の協議をした。

第一条　左記の不動産は法研一郎が取得し、その代償として法研一郎は法研次郎に対し、○年○月○日かぎりで金一○○○万円を支払うものとする。

記

○○市△△町三丁目××番×の土地（地積○○・○○㎡）
○○市△△町三丁目××番地×　家屋番号××番×の建物（床面積○○・○○㎡）

第二条　○○花子は△△信託銀行虎ノ門支店の被相続人名義の信託預金債権（一口50万円）20口を取得する。

第三条　埼玉県□市△町○丁目○号所在の宅地については、これを均一に三個に分割し、各その一を受けるものとする。

第四条　（省略）

第五条　（省略）

右協議の成立を立証するため本書三通を作成し、各署名捺印してそれぞれの一通を所持する。

平成○年○月○日

右　法研一郎　印
法研次郎　印
○○花子　印

12

特別受益と寄与分

贈与などを受けた人や被相続人に特別に貢献した人がいると、遺産の取り分は違ってきます。

特別受益は遺産の前渡し

　相続人の中に、被相続人の生前に生活費などとして贈与を受けたり遺贈を受けたりした人がいる場合、遺産を単純に法定相続分の通りに分けると、他の相続人は不公平を感じるでしょう。これを是正しようというのが、「特別受益」の制度です。生前に受けた贈与や遺贈を、本来遺産分割にあたって受けるべき財産の前渡しを受けていたと考えるものです。

　この場合、遺産に贈与などの価格を足したものを相続財産の全体とみなします。そして、このみなし相続財産を法定相続分に従って分割することになるのですが、贈与や遺贈を受けた相続人の取得分は、その価額の分だけ減らされることになります（マイナスになってしまう場合は、相続分はゼロとなります）。

　このように、特別受益を相続分算定の基礎に算入することを「特別受益の持ち戻し」といいます。

寄与人に認められる取り分

　被相続人の家業に従事したり療養看護をしたりするなど、被相続人の財産の維持や増加に特別に貢献（寄与）した相続人には「寄与分」が認められ、その分遺産を多く取得することができます。遺産分割のときに、最初に遺産の中から寄与分を引いて、残りの財産を相続人全員に分配します。

　寄与分が認められるためには、被相続人に対す

特別受益の計算例

ケース
Aが亡くなり、妻B、長男C、次男Dが相続することになった場合

Aが死亡時に持っていた財産は9,000万円で、Bは5,000万円相当の財産の遺贈を受け、Cは住宅資金として3,000万円の生前贈与を受けていました。この場合のB、C、Dの相続額は次のとおりです。

みなし相続財産：9,000万円＋3,000万円＝1億2,000万円
※5,000万円相当の遺贈された財産は相続財産9,000万円の中に含まれている。

妻B：(9,000万円＋3,000万円）×1/2－5,000万円＝1,000万円
※1,000万円のほかに遺贈で5,000万円相当の遺産を取得
長男C：(9,000万円＋3,000万円）×1/4－3,000万円＝0円（相続分は0）
次男D：(9,000万円＋3,000万円）×1/4＝3,000万円

★持ち戻し免除の意思表示があった場合
被相続人が生前に、持ち戻しをしなくてもよいという持ち戻し免除の意思表示をした場合には、持ち戻しをしなくてもよいことになっています。この場合、上のケースでの相続分は次のようになります。
※遺産9,000万円から遺贈分5,000万円を控除した残りを法定相続分で分ける。

妻B：(9,000万円－5,000万円）×1/2＝2,000万円
※2,000万円のほかに遺贈で5,000万円相当の遺産を取得

長男C：(9,000万円－5,000万円）×1/4＝1,000万円
次男D：(9,000万円－5,000万円）×1/4＝1,000万円

上記のとおり分割すると、生前に3,000万円の贈与を受けているCは合計で4,000万円を取得できるのでまだよいのですが、Dは1,000万円しか取得できません。Dはみなし相続財産の8分の1（1億2,000万円×1/8＝1,500万円）の遺留分を持っているので、不足する500万円について、遺留分減殺請求権を行使することができます。*　(* 反対説があります。)

る「特別の寄与」があり、被相続人の「財産の維持または増加」がもたらされたことが必要です。したがって、被相続人との関係において通常期待されるような貢献、すなわち通常の寄与では「特別の寄与」にはあたらず、寄与分は認められません。例えば、療養介護をしたことによってヘルパーの費用を大幅に節減ができたなど、「財産の維持または増加」があったといえる事情が必要です。

「寄与分」は、故人の療養介護を長年行うなどして「特別に貢献した人」に認められます。

合意できない場合は調停・審判へ

寄与分の主張がある場合、そもそも寄与分が認められるのか否か、また認められるとしてもどのくらいの金額または割合を寄与分と認めるのかが問題となります。この点について、まずは当事者間で協議をすることが必要です。

しかし、話し合いで合意ができない場合には、家庭裁判所に寄与分を決める調停の申し立てをすることになります。遺産分割調停の申し立てがすでになされていれば、遺産分割調停と合わせて話し合いが行われます。

すでに遺産分割の審判手続きに移行している場合は、寄与分を決めるための審判の申し立てをします。家庭裁判所は審判という形で、寄与分の有無、寄与分の金額または割合を決定します。また、寄与分の審判は、遺産分割の審判と同時になされます。

第3章

相続税について

相続税の対象となる財産一覧

相続税の対象となる財産について、取得原因、財産の種類、相続税の計算方法の側面から見てみましょう。

取得原因

相続または遺贈でもらった財産

財産の種類

土地	宅地、田畑、山林、借地権など
建物	自家用家屋、貸家など
事業用財産	機械器具、農機具、その他の減価償却資産、商品、製品、売掛金、電話加入権、受取手形など
有価証券	株式、出資金、公社債、国債、投資信託など
現金、預金、貯金など	預金、貯金など
家庭用財産	家具、什《じゅう》器など
趣味用品	ゴルフ会員権、書画、骨とう、自動車、ヨットなど
その他	貸付金、未収金など

相続税の計算

本来の相続財産

相続またはは遺贈でもらったとみなされる財産

相続時精算課税適用財産

債務

葬式費用

死亡前三年以内にもらった財産

非課税財産
墓地、仏壇、仏具、公益事業用財産、特定寄付財産など

その他の財産
生命保険金、退職手当金、慰労金、保険契約に関する権利など

非課税財産
弔慰金、死亡退職金、生命保険金の一部など

買掛金、借入金、未払いの税金、入院費など

通夜・葬儀・納骨費用など

非課税財産を除く全ての贈与財産

課税価格 ＝ 生前贈与財産 ＋ 葬式費用 － 債務 － 精算課税適用財産 ＋ みなし相続財産 ＋

01

相続税の対象となる財産

相続した財産は、さまざまに評価され、それによって「相続税」が課されます。

相続財産とは

相続税とは、亡くなった人（被相続人）の残した遺産を相続した人（相続人）が、その相続した財産に対して課される税金です。

相続税の対象となる財産は、原則として被相続人が所有していた全ての財産です。財産とは、現金や預貯金などの金融資産や土地・建物などの不動産のほか、お金に換算できる全てのものを指し、プラスの財産のみならず、マイナスの財産も含みます。また、次に掲げるものも相続税の対象となります。

・生命保険金・死亡退職金などのみなし相続財産（一定の非課税枠あり）

・被相続人の死亡前三年以内に贈与によりもらった財産（相続財産を取得した人の場合）

・被相続人から、相続時精算課税制度（30、33ページ参照）の適用を受けてもらい受けた財産

遺産を相続した人がその財産に対して課されるのが相続税です。

相続財産の一覧表

	財産の内容					相続人		
	種類	細目	所在場所	数量	評価額	(相続人の名前) 相続する価額	(相続人の名前) 相続する価額	(相続人の名前) 相続する価額
プラスの財産	現金預金							
	有価証券							
	不動産							
	動産							
	その他資産							
	事業用資産							
	プラスの財産　合計①							
マイナスの財産	借入金							
	未払金							
	その他							
	マイナスの財産　合計②							
差　引③（①－②）								

上記のような一覧表を作成すると便利です。この表に基づいて遺産分割協議を始めれば、協議もスムーズに進むでしょう。

02 相続財産の評価

相続した財産の種類によって、評価方法が定められています。

相続財産の評価方法

相続税の対象となる財産は、その金額を被相続人の相続が開始した日（死亡した日）の「時価」で評価する必要があります。時価とは、現況に応じ、不特定多数の当事者間での自由取引で通常成立すると認められる価額を指します。

しかし時価といっても、財産の種類や市場性などによって大きく異なり、一定ではありません。そこで国税庁では「財産評価基本通達」という評価方法に関する基準を定めています。原則として、この評価基準に従って財産を評価していくことになります。

主な相続財産の評価は、次ページの表に示した方法で評価がなされます。取引相場のない株式（非上場株式）の評価については、株式の額面で評価をしたり、決算書によって評価を単純に算出したりするのは正しい評価法ではありません（98ページ参照）。この点は注意しましょう。

相続財産の評価は「財産評価基本通達」の基準に従います。

相続財産の評価方法

種類	目安となる評価
土地	路線価または倍率方式により評価、公示価格の約８割相当。なお、小規模宅地等については特例がある
家屋	固定資産税評価額で評価。建築価格の約６割相当
上場株式	次の株価のうち最も低い株価で評価 ①死亡日の終値 ②死亡日の属する月の終値平均額 ③死亡日の属する前月の終値平均額 ④死亡日の属する前々月の終値平均額
取引相場のない株式	会社の規模、利益、配当、純資産または個々の財産価値を再評価して株価を算定（自社株）
預貯金	預入高＋既経過利息

不動産の評価

不動産の評価のうち、土地の価額は宅地や畑、山林などの地目ごとに評価します。土地の登記簿や固定資産税の評価証明などには地目が書かれていますが、評価する際の地目は、課税時期（被相続人が死亡した日）の利用状況などによって判定します。

土地の評価方法には、①路線価方式と②倍率方式があります。市街地の形態をなしている地域では路線価方式が、それ以外の地域では倍率方式が適用されます。

①路線価方式

路線価とは、市街地の道路に面した宅地の一平方メートル当たりの評価額を示したものです。この路線価を基にして土地を評価するのが路線価方式です。

国税庁がホームページで毎年七月に発表する

路線価方式による宅地の評価

宅地の形状などによって、評価方法が定められています。

⑴セットバック（後退）を必要とする宅地

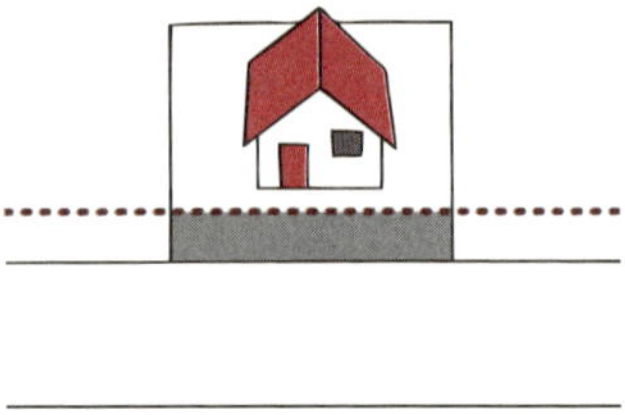

セットバックすべき部分については、通常どおりに評価した価額から70%相当額を控除して評価する。

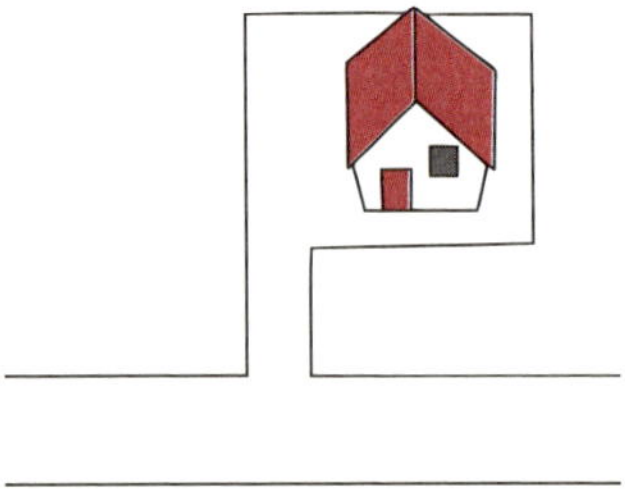

⑵間口が狭小な宅地

路線価に奥行価格補正率を乗じて求めた価額に、さらに、「間口狭小補正率表」に定める補正率およびその宅地の地積を乗じて計算する。

⑶奥行が長大な宅地

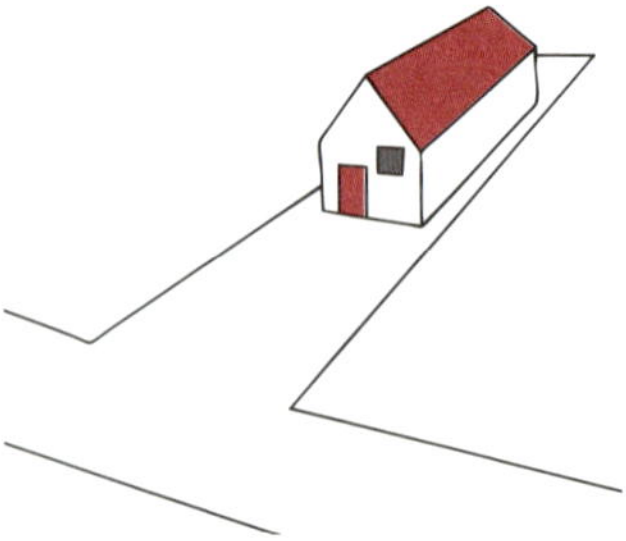

路線価に奥行価格補正率を乗じて求めた価額に、さらに、「奥行長大補正率表」に定める補正率およびその宅地の地積を乗じて計算する。

⑷不整形な宅地

その宅地が不整形でないものとして計算した1㎡当たりの価額に、その不整形の程度、位置および地積の大小に応じ、「不整形地補正率表」に定める補正率を乗じて評価する。

参考：国税庁「路線価方式による宅地の評価」

「路線価図」という地図には、道路ごとに一平方メートル当たりの「路線価」が示されています。評価の目安を単純に算出するには、路線価に面積をかけて算出することになります。

例えば、「路線価」五〇万円の宅地が二〇〇平方メートルあるとすれば、五〇万円×二〇〇平方メートル＝一億円ですから、相続税評価額は一億円となります。

ただし、実際に評価する場合は、土地の形態や位置、道路との関係など、その利用価値によって一定の方式により増減します。例えば、細長い土地や間口の狭い土地、私道から出入するような土地、三角形の土地、不整形の土地などの場合は一定の割合で低くなったり、また逆に角地や、周囲を道路に囲まれている土地などは高くなったりします。

一般の市街地はだいたい「路線価」で評価される（路線価方式が適用される）と考えてよいでしょう。

②倍率方式

該当する土地の固定資産税評価額に一定の倍率をかけて評価額を算出する方法です。倍率は四倍、二・八倍などと、地域や地目ごとにあらかじめ決められています。固定資産税評価額については、市区町村から毎年送られてくる固定資産税の通知書などで確認できます。倍率は国税庁ホームページの評価倍率表で調べることができます。地域によっては路線価が定められていないところもあります。そのような土地は、この倍率方式により計算されます。

・借地権や貸地などは一定の減額あり

土地を借りて建物を建てている場合、その土地を使用できる権利を借地権といいます。借地権も課税の対象であり、その評価は通常の土地評価額に借地権割合をかけて計算します。借地権割合は地域ごとに三〇％～九〇％で設定され、住宅地では六〇％～七〇％程度の割合の場合が多いようです。反対に所有する土地を他人に貸している場合

（貸宅地）は、借地人に一定の権利があると考えられるため、通常の土地評価額から借地権に相当する価額を差し引いて評価します。

また所有する土地にアパートなどの建物を建てて人に貸している場合、その土地を「貸家《かしや》建付《たてつけ》地《ち》」といいます。貸家建付地についても評価額が調整され、借地権割合に借家権割合を乗じた金額を通常の評価額から差し引きます。都市部に賃貸住宅を建てると、その土地の評価額は何もしないで更地にしていくよりも二割程度低くなります。

・小規模宅地等の特例

小規模宅地等の特例とは、自宅の土地や事業用、貸付用の土地について、要件を満たせば、土地の評価額を下の表の割合分（最大八〇％）減らすことができる制度です。

この制度は、相続税が高くて今まで住んでいたところに住めないとか、今までやっていた事業が継続していけないなどということがないよう、設けられた制度です。

小規模宅地等の減額割合

平成27年1月1日以降

死亡時の状況		取得者	要件	減額割合	限度面積
被相続人等の事業用		親族	所有＆事業継続	80%	400㎡
	不動産貸付	親族	所有＆事業継続	50%	200㎡
被相続人等の居住用		配偶者	要件なし	80%	330㎡
		同居または生計一親族	所有＆居住継続	80%	330㎡
		家なき子（※1）	所有継続	80%	330㎡

（※1）家なき子とは、相続開始前3年以内に日本国内にある自分または配偶者の持ち家に居住したことがない人を指します。被相続人の配偶者または相続開始直前において被相続人と同居していた法定相続人がいない場合において、要件を満たせば特例を受けることができます。
※ 特定同族会社事業用宅地等と郵便局舎敷地は省略。

自宅の土地（特定居住用宅地等）であれば、平成二七年一月一日以降は面積三三〇平方メートル（約一〇〇坪）までの土地について八〇％減額できます。

土地の評価額が八割下がれば相続財産がぐっと減ることになるので、相続税がゼロになるケースもあります。ただし、次のいずれかの要件を満たす必要があります。

〔自宅敷地の場合の主な要件〕

・被相続人の配偶者が相続する。

・被相続人と同居していた親族が相続する。

↓相続税の申告期限までその土地を所有して住み続ける必要あり。

・配偶者も同居親族もいない場合、家を持たない別居親族が相続する。

↓相続前三年以内に自分または配偶者が所有する家に住んだことがないこと。

また、この特例を受けるためには、相続税がゼロであっても申告が必要です。

●建物の評価

建物の評価は、市区町村から毎年送られてくる固定資産税の通知書に記載された「固定資産税評価額」に一定の倍率をかけて計算します。現在ではこの一定の倍率は一倍ですので、固定資産税評価額がそのまま評価額になります。

人に貸している貸家やアパートは貸地と同様、賃借人に一定の権利があると考えられているため、評価額が調整されます。通常の評価額から借家権割合（三〇％）分を差し引き、固定資産税評価額の七〇％相当を評価額とします。

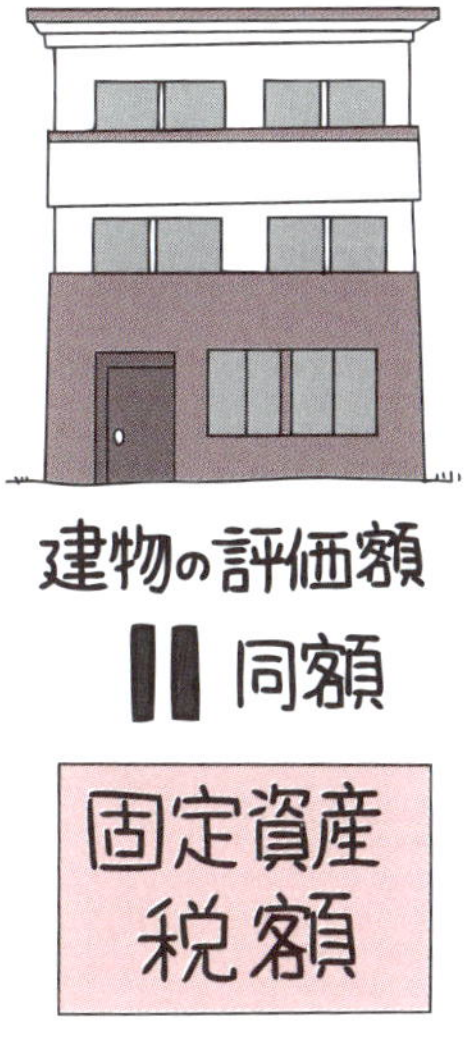

建物の評価額は固定資産税評価額と同額です。

株式の評価

株式の評価は取引相場のある株式かどうかで、評価の方法が異なります。

まず上場されている株式は、証券取引所が公表する、被相続人が死亡した日の終値、その月の終値の平均額、その前月の終値平均額、その前々月の終値平均額のうち、最も低い金額により評価します。

取引相場のない株式（非上場株式）の評価は複雑です。株式の保有割合や発行会社の規模等により、下の表のとおり評価します。

株式や土地を特別多く持っている会社などは、別の評価方法によって評価します。会社経営者や役員などが保有する自社株を相続する場合、予想以上に評価額が高くなることもありますので、被相続人となる人の生前に株式の評価額を把握しておくことが重要です。

取引相場のない株式の評価

会社規模＼評価方式	原則的評価方式	特例的評価方式
大会社	類似業種比準方式 （純資産価額方式との選択可）	配当還元方式
中会社	類似業種比準方式と純資産価額方式との併用方式 （類似業種比準価額について純資産価額を選択可）	
小会社	純資産価額方式 （中会社と同じ併用方式を選択可）	

預貯金の評価

預貯金は、原則として、被相続人が死亡した日現在の残高が評価額となります。ただし定期預金などの貯蓄性の高いものについては、死亡した日の残高だけでなく、既経過利息（死亡日に仮に解約した場合の税引後の利子相当額）を加算して評価します。なお、名義が被相続人ではなくても（配偶者や子ども名義であっても）、実質的に被相続人のものである場合には、名義預金として相続税の課税対象となります。

名義預金や名義株も相続税の課税対象になります。

みなし相続財産

相続財産とは、被相続人が死亡したときに所有していた財産です。

ところが、一方では、被相続人が死亡することによって発生する財産もあります。次のようなものは、相続財産とみなされる「みなし相続財産」と呼ばれるものです。

・被相続人の死亡によって遺族が受け取る生命保険金（死亡保険金）

・被相続人の死亡によって勤務先から支払われる退職金、弔慰《ちょうい》金（一定額は除かれる）

・生命保険契約に関する権利

↓被相続人が保険料を支払っていたが、死亡後も契約が継続しているような場合の権利です。ただし解約返戻金のない掛捨型保険を除きます。

・定期金に関する権利

↓将来にわたって継続的に給付金を受け取る契

約で、被相続人が支払っていた保険料に相当する権利です。

保険金や死亡後に確定する退職金などは、被相続人が死亡したときに存在する財産ではありません。被相続人の死によって生じた財産です。とはいえ、これを相続税の計算上除外すると、実際の相続で不公平が生じる可能性があります。この趣旨に沿って、これらの財産は、非課税となる一定額を差し引いた残りを「みなし相続財産」として、相続財産に加えることになっています。

被相続人の死亡によって発生する財産を「みなし相続財産」といいます。

死亡保険金と弔慰金

・死亡保険金の非課税措置

死亡保険金に関しては、相続人が受取人の場合、「500万円×法定相続人の数」までの金額については非課税とされ、相続税は課されません。

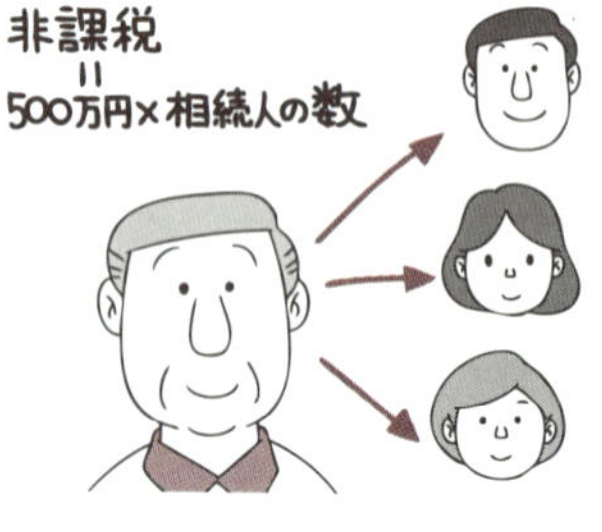

・弔慰金

弔慰金または退職金などのみなし相続財産は、一定額までは非課税財産として控除の対象になります。

海外財産の相続

近年、日本人が外国に住むケースが増えています。また、外国人が日本に住むケースも年を追うごとに増えています。その結果、相続財産に関する問題も増えてきました。どのようなケースがあるか、見てみましょう。

①日本に住んでいる人の場合

日本に住んでいる人（外国人登録をしている人も含む）が海外にある財産を相続すれば、その人がどこの国籍の人であっても、どこの国にある財産でも、日本の税法が適用され、相続税の課税対象となります。海外の財産を相続した場合は、外国で日本の相続税にあたる税金を払うこともあります。そうした場合は、外国で払った税金分を、日本の相続税から差し引くことができるようになっています（109ページ参照）。

②日本にある財産の場合

日本にある財産はどこに住んでいる人がもらっても、いちど日本の相続税がかかります。例えば、ドイツ人と結婚してドイツに住んでいる人が東京の土地を相続するような場合、日本の税法が適用され相続税が課されます。その後、住んでいる国の税法によって二重に課税を受けている部分について調整が行われます。

③海外に住んでいる人が海外の財産を相続したり、遺贈を受けたりした場合

日本人であっても日本に住んでいないし、財産も日本にあるわけではないので、日本の税法ではなく外国の税法により相続税が課税されます。ただし、外国籍の相続人が日本に住んでいる被相続人（国籍は問わない）から相続した海外財産は相続税の課税対象となります。

また、日本国籍の人で、死亡前十年以内に被相続人、または相続人が日本国内に住んでいた場合は、日本に居住している人に準じて課税されることになります。

03

相続財産から差し引かれる財産

債務と葬式費用は、相続財産から差し引いて、相続税を計算します。

相続財産から差し引くもの

相続財産の対象としては、土地や建物、現預金といった資産だけでなく、借金のような「債務」も含まれます。そして、相続人が被相続人の債務を引き継ぐことになったり、葬式費用を負担したりした場合は、その分を相続財産から差し引いて相続税を計算します。

ただし、他人の借入に担保提供しただけのものは控除の対象外となるので、注意しましょう。

債務

・控除の条件

債務として控除されるためには、それが被相続人の生前中に発生した債務で、亡くなった時点において確実な債務と認められるものに限ります。したがって、亡くなった日後に発生する債務、例えば相続財産の維持管理のための債務（建物の修理費など）は、ここでいう「債務」にはなりません。

・債務になるものの具体例

・借入金や事業上の買掛金、未払金など

・被相続人に課された住民税や固定資産税などの税金のうち、未払いのものや納期の到来していないもの（ただし、相続人自身が納めるべきものは含まれない）

・被相続人の、その年の一月一日より死亡の日までの確定申告(準確定申告)で納めるべき所得税

・一定の条件に該当した保証債務や連帯債務（保証債務は原則として債務にならない。債務者に代わって支払いを請求されていたなどの一定の条件が満たされている場合だけ控除できる）
・亡くなる前に入院していた病院の費用や医療費
・**債務ではあるが差し引かれないもの**
被相続人が生前に購入した非課税財産（墓地や仏具など）の購入資金や管理のための未払金は差し引かれません。

●葬式費用

・**葬式費用になるものの具体例**
①**葬儀社に支払った費用**
相続人が葬儀社に支払った費用やタクシー代、お寺に通夜や葬儀、納骨の諸経費として支払ったものです。
②**戒名《かいみょう》料や謝礼など**
戒名料や謝礼などで「死亡した人の職業や財産、その他事情に照らして『相当程度』と認められる事柄に要した費用」については差し引かれます。
③**その他**
通常、葬式にかかる費用（手伝いの人への心付けや交通費、宿泊費など）は差し引かれます。葬式にかかった費用はできるだけ領収書を揃えておき、後で申告書に添付して税務署に提出するようにします（コピーの添付でもかまいません）。
・**葬式費用として差し引かれないもの**
葬儀の後に行われる初七日、四十九日等の法要の費用、香典返礼費用は葬式費用には含まれませんので注意してください。葬儀の後、その日のうちに行われる初七日（「付け七日」という）は、あくまでも葬儀ではなく法要です。したがって、相続財産からは差し引かれることはありません。

また、墓碑や墓地の購入費用（永代使用料）は葬式費用とは別ですので、差し引かれることはありません。ただし、被相続人が生存中に購入した墓碑や墓地は、非課税財産として除外されます。

相続財産から差し引かれる葬式費用

①葬式費用となるもの

⑴死体の捜索または死体や遺骨の運搬にかかった費用

⑵遺体や遺骨の回送にかかった費用

⑶葬式や葬送などを行うときやそれ以前に火葬や埋葬、納骨をするためにかかった費用（仮葬式と本葬式を行ったときにはその両方にかかった費用が認められます。）

⑷葬式などの前後に生じた出費で、通常葬式などにかかせない費用
（例えば、お通夜などにかかった費用がこれにあたります。）

⑸葬式において、お寺などに対して読経料などのお礼をした費用

②葬式費用に含まれないもの

⑴香典返しのためにかかった費用

⑵墓石や墓地の買入れのためにかかった費用や、墓地を借りるためにかかった費用

⑶初七日やその他の法事などのためにかかった費用

参考：国税庁「相続財産から控除できる葬式費用」

04

相続税の算出法

実際に相続した遺産にかかる相続税についての計算方法を知っておきましょう。

五段階に分けて計算

被相続人の財産を評価して合計したものが、基礎控除額を超えるようでしたら、相続税の計算をしていくことになります。相続税の計算は、次ページの「ステップ1」～「ステップ5」のように五段階に分けて考えると理解しやすいようです。相続税の実際の計算をする前に、まず計算の流れを大まかにつかんで理解しておいてください。

念のために述べますが、実際には、各相続人は必ずしも民法の法定相続分どおりに相続するわけではありません。したがって、各相続人が分担すべき税額は、各相続人が実際に相続した財産の金額に応じて配分して求めます。

複雑な相続税の計算も５段階に分けるとわかりやすいです。

相続税の計算の流れ

〔ステップ1〕
土地建物や預貯金といった本来の相続財産に、死亡保険金などのみなし相続財産を加えた遺産の総額から、非課税財産（墓地や仏具など）を除いて、債務や葬式費用を差し引きます。この際、例えば相続人が生前（三年以内）に贈与によりもらった財産や相続時精算課税制度により贈与を受けた財産があれば、それを加えます。……**「課税価格の合計金額」**

↓

〔ステップ2〕
「課税価格の合計金額」から三〇〇〇万円と、法定相続人一人について六〇〇万円の基礎控除額を差し引きます。……**「課税される遺産総額」**

※〔ステップ1〕で計算した「課税価格の合計金額」が、この基礎控除額よりも少ない場合には相続税はかかりません。

相続税が加算されるケース

被相続人の配偶者や一親等（親と子ども）以外の人が財産を取得した場合には、その人については相続税額の二割相当額が加算されます。孫が被相続人の養子となった（一親等となる）場合も二割加算となります。ただし、代襲相続により相続人となった孫には加算されません。

つまり、被相続人の兄弟や、代襲相続人ではない被相続人の孫、全くの第三者などが、相続や遺贈によって財産を取得した場合は、二割の税額が加算されます。

相続税の控除と軽減

各相続人等の立場を考慮して、次の六つのように相続税が控除・軽減される場合があります。

①贈与税額控除

↓
〔ステップ3〕
「課税される遺産総額」を法定相続人が法定相続分に従って分けたと仮定して分配し、その仮の分配額に対して税率をかけて各法定相続人の相続税額を算出し、それを合計します。……「相続税の総額」
↓
〔ステップ4〕
次に仮定ではなく、実際に財産を分けた割合で、〔ステップ3〕で求めた「相続税の総額」を分け直します。……「各相続人の相続税額」
↓
〔ステップ5〕
「各相続人の相続税額」から下記の贈与税額控除、配偶者の税額軽減、未成年者控除などの税額控除などを行って計算します。また、下記の相続税の二割加算が必要なケースは、それも合わせて計算します。……「各相続人の納付税額」

相続時精算課税により贈与を受けた財産と、相続開始前三年以内に被相続人から贈与を受けた財産は、相続財産に含めて相続税が計算されます。しかし、財産の贈与があったときに、すでに贈与税を払っているならば、その財産は贈与税と相続税とを二重で払うことになってしまいます。

ですから、相続税の計算に際しては、その財産の贈与を受けたときに納めた贈与税の額を相続税額から差し引きます。

②配偶者の税額軽減

配偶者には、婚姻期間の長短に関係なく大幅に税金が軽減されます。

配偶者は被相続人の財産形成に貢献していることや、被相続人死亡後の生活保障などを考慮して設けられた制度です。

第一に、相続財産が多いか少ないかにかかわりなく配偶者が実際にもらった金額が民法に定められる法定相続分以下であれば、配偶者に相続税がかかることはありません。また、配偶者の相続割合が法定相続分を超えた場合でも、相続財産が一億六〇〇〇万円以下であれば、同じく相続税がかかりません。ただし、それ以上の財産を相続した場合は、超える部分に課される相続税を支払う必要があります。

配偶者の税額軽減の適用を受けるには、必要な書類を添付して申告書を提出する必要があります。仮にこの軽減を折り込んで試算して「相続税額がゼロ」であっても、税額軽減の申告をしていなければ税額軽減は受けられません。

また、相続税についての調査が行われて、その調査でごまかしていたり、隠していた財産が判明したりした場合は、その財産はこの軽減の対象となる財産に含まれません。

③未成年者控除

法定相続人が二〇歳未満であり、かつ財産を相続したときに日本国内に住んでいる場合等には、二〇歳になるまでの年数一年につき一〇万円の税額控除があります。

配偶者は大幅に相続税が軽減されます。未成年の場合は控除があります。

例えば、未成年の法定相続人が相続開始日現在一四歳で、算出相続税額が一〇〇万円とすると、このケースでは未成年者控除として六〇万円（一〇万円×六年）を控除できるわけです。したがって相続税としては、残りの四〇万円を納めればよいことになります。

なお、未成年者控除額が、その本人の相続税額より大きいため控除額の全額が引ききれない場合は、その引ききれない部分の金額をその未成年者の扶養義務者（親など）の相続税額から差し引くことができます。

④障害者控除

法定相続人が障害者であり、かつ財産を取得したときに日本国内に居住する場合は、八五歳に達するまでの年数一年につき一〇万円（特別障害者の場合は二〇万円）の税額控除があります。

なお、障害者控除額が、その本人の相続税額より大きいため控除額の全額が引ききれない場合は、その引ききれない部分の金額をその障害者の扶養義務者の相続税額から差し引くことができます。

⑤相次相続控除

この「相次相続控除」とは、短期間に何度も相続があった場合の控除のことです。そのつど相続税がかかることになれば、相続税の負担が重くなってしまいます。

これを軽減させるため、一〇年以内に二回目の相続があった場合には、二回目の相続の被相続人が一回目の相続で課された相続税の一定割合を、二回目の相続の相続税から控除することができるのです。

⑥外国税額控除

外国にある財産を相続した場合（101ページ参照）に、日本の相続税に相当する税金を外国の法律によって課されたケースでは、これに日本の相続税をかけるのでは、国際的に二重に課税されてしまい負担が重くなってしまいます。

そこで、外国で課された税額を別途計算して控除するという制度です。

外国にある財産を相続して課税された場合、日本の相続税から控除されます。

●実際の計算の仕方

計算の大まかな流れを説明してきましたが、ここでケーススタディしておきましょう。次のように仮定して、相続税額を出してみましょう。

（例）
相続人…配偶者（妻）、長男Ａ（成人）、
　長女Ｂ（未成年者一八歳）
相続財産…二億円

〔ステップ1〕
「課税価格の合計金額」の計算

相続税法では、課税される財産の価格のことを課税価格と呼んでいます。課税価格は次のように計算されます。

この例では相続財産を二億円としています。そしてやはり仮定で、みなし相続財産三〇〇万円、非課税財産二〇〇万円と債務・葬式費用三〇〇万円、前年の現金贈与分二〇〇万円とします。

したがって、相続財産二億円にみなし相続財産三〇〇万円を加え、その総額から非課税財産二〇〇万円と債務・葬式費用三〇〇万円を控除。さらに、前年の現金贈与分二〇〇万円を加算します。このプラスマイナスの結果、課税価格の合計金額は二億円になります。

〔ステップ1〕課税価格の合計金額

相続財産	2億円
みなし相続財産	＋300万円
非課税財産	−200万円
債務・葬式費用	−300万円
現金贈与	＋200万円
課税価格の合計金額	2億円

〔ステップ2〕
「課税される遺産総額」の計算

〔ステップ1〕で計算した課税価格の合計金額は二億円でした。この遺産を配偶者、長男A（成人）、長女B（未成年者一八歳）の三人が相続しますので、基礎控除額は全部で四八〇〇万円（三〇〇〇万円＋〔六〇〇万円×三人〕）です。これを課税価格の合計金額から差し引くと、課税される遺産総額は一億五二〇〇万円となります。

相続財産が基礎控除額（三〇〇〇万円プラス六〇〇万円に法定相続人の数を乗じた額）以下である場合には、相続税の申告をする必要がありません。ただし、「小規模宅地等の特例」を受けて計算されているケースでは相続財産が基礎控除の範囲以内であっても申告が必要ですので、注意してください。

なお、相続税の計算上における法定相続人の数には、何らかの理由で相続を放棄した相続人も含めます。また、養子も実子とみなされて法定相続人になります。ただし、法定相続人として基礎控除の計算で加えることのできる養子は、被相続人に実子がいる場合で一人、実子がいない場合で二人に制限されています。

〔ステップ2〕課税される遺産総額

課税価格の合計金額	2億円
基礎控除額	−3,000万円 <基本> −600万円 <妻> −600万円 <長男> −600万円 <長女>
課税される遺産総額	1億5,200万円

〔ステップ3〕

「相続税の総額」の計算

ここでは、相続税の総額を計算します。大事なことは課税遺産全体で計算しないことです。まず法定相続人が法定相続分で相続したと仮定して、それぞれの相続税を計算します。それを合計して相続税の総額を出します。

このように仮定して計算するのは、相続税計算は金額が大きいほど税の増え方が大きくなる累進課税方式をとっていて、相続人各人が実際に取得した財産ごとに税金を計算すると、相続の仕方によって各人で税額が違ってきてしまうからです。この不公平を防ぐため、まず、法定相続分どおりに相続したものとして総額を計算し、後でそれぞれの相続した財産の割合に応じて税額を決めるわけです。

相続税の総額の計算法は、次のようになります。

〔ステップ2〕で示したように課税される遺産総額は一億五二〇〇万円ですから、これに対して

相続税の速算表

各人の法定相続分に応ずる取得価額（A）×税率（B）－控除額（C）＝求める相続税額

（A）＝課税される遺産総額×法定相続分

取得価額（A）	税率（B）	控除額（C）
1,000万円以下	10%	0万円
3,000万円以下	15%	50万円
5,000万円以下	20%	200万円 ※②
1億円以下	30%	700万円 ※①
2億円以下	40%	1,700万円
3億円以下	45%	2,700万円
6億円以下	50%	4,200万円
6億円超	55%	7,200万円

の相続税の総額を計算します。

なお、計算するときは前ページにある相続税の速算表が便利です。課税遺産に税率をかけて控除額を差し引きます。速算表を使って計算すると、各人の税額は、次のとおりとなります。

・妻の仮の相続税額

一億五二〇〇万円（課税される遺産総額）×$\frac{1}{2}$（法定相続分）×三〇％（税率）－七〇〇万円（控除額）＝一五八〇万円

・長男と長女の仮の相続税額

一億五二〇〇万円×$\frac{1}{4}$×二〇％－二〇〇万円＝五六〇万円

・相続税の総額

したがって、相続税の総額は次のようになります。

一五八〇万円＋（五六〇万円×二）＝二七〇〇万円

〔ステップ3〕相続税の総額

妻の仮の相続税額

課税される遺産総額	1億5,200万円
法定相続分	×1/2＝7,600万円
税率速算表から	×30%＝2,280万円
控除額速算表から	−700万円 ※右ページ速算表①参照
	1,580万円

長男と長女の仮の相続税額

課税される遺産総額	1億5,200万円
法定相続分	×1/4＝3,800万円
税率速算表から	×20%＝760万円
控除額速算表から	−200万円 ※右ページ速算表②参照
	各560万円

妻の仮の相続税額	1,580万円
＋	
長男と長女の仮の相続税額の合計	560万円×2 ＝1,120万円
＝	
相続税の総額	2,700万円

〔ステップ4〕

「各相続人の相続税額」の計算

次に各相続人の相続税額を計算していきます。

課税価格の合計金額二億円を一〇〇%とし、各相続人が実際に相続した財産の割合を配偶者五〇%、長男三〇%、長女二〇%とします。〔ステップ3〕で計算した相続税の総額二七〇〇万円をこの割合であん分すれば、各相続人の相続税が出ることになります。

つまり、妻が一三五〇万円、長男が八一〇万円、長女が五四〇万円となるわけです。

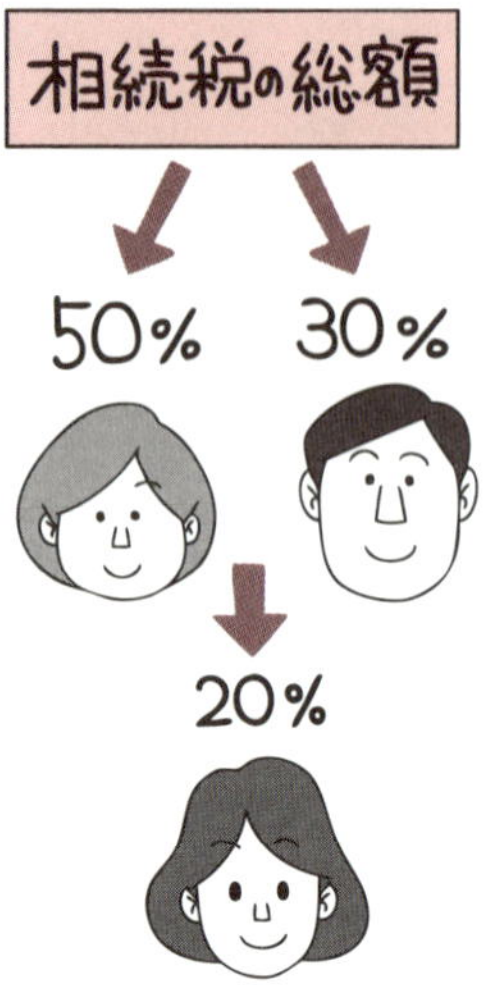

各相続人で相続税の総額をあん分します。

〔ステップ4〕各相続人の相続税額

相続税の総額	2,700万円
妻の相続割合	×50%
妻の相続税	=1,350万円
長男の相続割合	×30%
長男の相続税	=810万円
長女の相続割合	×20%
長女の相続税	=540万円

〔ステップ5〕「各相続人の納付税額」を算出

まだ相続税額は決定していません。実際には、〔ステップ4〕で算出した相続税がそのまま納税額になる場合もありますが、当てはまる税額控除があれば、その分を差し引き、反対に加算しなければいけないものがあれば加算して、納税額が決定されます。

このケースでは、妻（配偶者）と長女（未成年者）は前述した税額控除（配偶者の税額軽減、未成年者控除）が適用されます。

妻が相続する遺産は五〇パーセントなので、二億円×五〇パーセント＝一億円です。これは一億六〇〇〇万円以下なので、妻の納付税額はゼロになります。長男は、税額控除がないので、納付税額は八一〇万円です。長女は、二〇歳－一八歳＝二年で、これに一〇万円を乗じた二〇万円が未成年者控除となり、五四〇万円－二〇万円＝五二〇万円が納税額になります。

〔ステップ5〕各相続人の納付税額

配偶者の税額軽減	1億6,000万円以下
妻の納付税額	なし
長男の納付税額	810万円
未成年者控除	20歳－18歳＝2年 2×10万円＝20万円
長女の納付税額	540万円－20万円＝ 520万円

05

相続税の申告と納付

相続税は、一〇カ月以内に申告・納付しなければならないので忘れないようにしましょう。

申告・納付は一〇カ月以内に

相続税が発生する場合は、相続開始を知った日（通常は死亡日）の翌日から一〇カ月以内に申告・納付しなければなりません。

その期間内に遺産分割協議が完了していれば、それに従って各相続人の取得分について相続税を申告します。相続税の申告は、税務署に備えてある相続税の申告書に記載し、被相続人が死亡した住所地の所轄税務署に提出します。

困るのは、期間内に遺産分割協議が完了していない場合（未分割）です。その場合でも、いったん民法上の法定相続分で分割したものとして、申告書を提出して納税しておくことが必要です。ただし、この場合は、配偶者の税額軽減や小規模宅地の評価減額などの特例を適用することができませんので、相続税が大きく跳ね上がることがあります。その際は「申告期限後三年以内の分割見込書」の提出を忘れないようにしてください。そうすれば、いったん納めた税金が将来還付される可能性があります。

相続税の申告書を提出した上で後日遺産分割協議が確定したときには、再度相続税を計算し、当初に申告納付した税額と比較します。この時点で配偶者の税額軽減と小規模宅地の評価減額などを適用できます。ただし、未分割の状態が三年を超える場合は、別途手続きを要します。

遺産分割が確定した時点で、相続人によっては当初に申告して納めた税金が納め過ぎ、あるいは少ないこともあります。

納め過ぎのケースでは、税務署に「更正の請求」を行い、納め過ぎた分の税金を還付してもらいます。この手続きは、遺産分割が確定した日の翌日から四カ月以内に行わなければなりません。

逆に少な過ぎた場合には、同じく税務署に「修正申告書」を提出して不足の税金を支払うことになります。

Column

相続税の申告をしなかったら？

特別な理由なく期限までに相続税の申告をしなかった場合は、通常の相続税とは別に「無申告加算税」がかかります。

1）期限後、税務署の調査前に自主的に申告した場合は、納税額に対して5%の割合を乗じて計算した金額となります。

2）期限後、税務署の税務調査によって申告をした場合は、納税額に対して50万円までは15%、50万円を超える部分は20%の割合を乗じて計算した金額となります。くれぐれも、申告期限は守るようにしましょう。

相続税の申告・納付は相続開始を知った日の翌日から10カ月以内です。

相続税の申告書

FD3557

______税務署長
____年____月____日提出

相続開始年月日____年____月____日

※申告期限延長日　年　月　日

○フリガナは、必ず記入してください。

	各人の合計	財産を取得した人
フリガナ	（被相続人）	
氏名		㊞
個人番号又は法人番号		↓個人番号の記載に当たっては、左端を空欄としここから記入してください。
生年月日	年　月　日（年齢　歳）	年　月　日（年齢　歳）
住所（電話番号）		〒（　－　－　）
被相続人との続柄／職業		
取得原因	該当する取得原因を○で囲みます。	相続・遺贈・相続時精算課税に係る贈与
※整理番号		

区分	項目	番号	各人の合計	財産を取得した人
課税価格の計算	取得財産の価額（第11表③）	①	円	円
	相続時精算課税適用財産の価額（第11の2表1⑦）	②		
	債務及び葬式費用の金額（第13表3⑦）	③		
	純資産価額（①＋②－③）（赤字のときは0）	④		
	純資産価額に加算される暦年課税分の贈与財産価額（第14表1④）	⑤		
	課税価格（④＋⑤）（1,000円未満切捨て）	⑥	000 Ⓐ	000
各人の算出税額の計算	法定相続人の数　遺産に係る基礎控除額		人　000000 円 Ⓑ	左の欄には、第2表の②欄の回の人数及び㋭の金額を記入します。
	相続税の総額	⑦	00	左の欄には、第2表の⑧欄の金額を記入します。
	一般の場合（⑩の場合を除く）　あん分割合（各人の⑥／Ⓐ）	⑧	1.00	.
	一般の場合（⑩の場合を除く）　算出税額（⑦×各人の⑧）	⑨	円	円
	農地等納税猶予の適用を受ける場合　算出税額（第3表⑬）	⑩		
	相続税額の2割加算が行われる場合の加算金額（第4表1⑥）	⑪	円	円
各人の納付・還付税額の計算	税額控除　暦年課税分の贈与税額控除額（第4表の2Ⓐ）	⑫		
	税額控除　配偶者の税額軽減額（第5表㋥又は㋭）	⑬		
	税額控除　未成年者控除額（第6表1②、③又は⑥）	⑭		
	税額控除　障害者控除額（第6表2②、③又は⑥）	⑮		
	税額控除　相次相続控除額（第7表⑬又は⑱）	⑯		
	税額控除　外国税額控除額（第8表1⑧）	⑰		
	税額控除　計	⑱		
	差引税額（⑨＋⑪－⑱）又は（⑩＋⑪－⑱）（赤字のときは0）	⑲		
	相続時精算課税分の贈与税額控除額（第11の2表⑧）	⑳	00	00
	医療法人持分税額控除額（第8の4表2B）	㉑		
	小計（⑲－⑳－㉑）（黒字のときは100円未満切捨て）	㉒		
	農地等納税猶予税額（第8表2⑦）	㉓	00	00
	株式等納税猶予税額（第8の2表2⑩）	㉔	00	00
	山林納税猶予税額（第8の3表2⑧）	㉕	00	00
	医療法人持分納税猶予税額（第8の4表2A）	㉖	00	00
	申告納税額（㉒－㉓－㉔－㉕－㉖）　申告期限までに納付すべき税額	㉗	00	00
	申告納税額（㉒－㉓－㉔－㉕－㉖）　還付される税額	㉘	△	△

○この申告書は機械で読み取りますので、黒ボールペンで記入してください。また、申告書と添付資料を一緒にとじないでください。

税務署受付印

※の項目は記入する必要がありません。

第1表（平成29年分以降用）

（注）㉒欄の金額が赤字となる場合は、㉒欄の左端に△を付してください。なお、この場合で、㉒欄の金額のうちに贈与税の外国税額控除額（第11の2表⑨）があるときの㉘欄の金額については、「相続税の申告のしかた」を参照してください。

※税務署整理欄						
申告区分	年分	グループ番号	補完番号		補完番号	
名簿番号		申告年月日		検算印	管理補完	確認

作成税理士の事務所所在地・署名押印・電話番号　㊞

□ 税理士法第30条の書面提出有
□ 税理士法第33条の2の書面提出有

※税務署整理欄　通信日付印　年月日　確認者印

（資4－20－1－1－A4統一）第1表（平29.7）

相続税の申告に必要な書類

以下のものが揃っているか、チェックしてみましょう。

❶ 被相続人の略歴	❷ 相続関係図	❸ 被相続人の出生から死亡までの戸籍謄本
❹ 相続人全員の戸籍謄本と住民票	❺ 非相続人の住民票の除票	❻ 遺産分割協議書（遺言書の写し）
❼ 相続人全員の印鑑証明書	❽ 土地建物の登記簿謄本	❾ 固定資産税評価証明書
❿ 土地、株式の評価計算書	⓫ 預貯金等の残高証明書など	⓬ 生命保険金等支払通知書の写し

●延納と物納が認められる場合

相続税は、原則として納付期限（一〇カ月以内）までに現金にて一括で納めなくてはいけません。納付期限を過ぎた場合は、相続税の他に延滞税が課されます。ただし、手元に現金が無く、どうしても一括納付が難しい場合は「延納」の手続きをとることが認められています。

延納とは、相続税を五年から最長二〇年の範囲で分割払いする方法です。延納の期間中、相続税の他に利子（利子税）も支払う必要があります。延納するには、相続税の納付期限までに申請書や関係書類を提出しなければなりません。

また、延納によっても相続税を納めることが困難な場合には、現金の代わりに相続や遺贈でもらった財産で納付する「物納」という方法も認められます。もちろんこれも納付期限までに申請し、税務署の許可を得る必要があります。

物納に充てることができる財産には条件があり、申請した財産が物納に不適格とみなされ、物納ができなくなるケースもあります。土地で物納を申請する場合、測量図が必要な上に境界確認手続きなどもあるので、準備が間に合わず、物納が却下されてしまう事態が起こり得ます。物納をしようと考えているなら、被相続人の生前からその準備をしておくことが大変重要です。

延納と物納に必要な書類

＊延納の場合の必要書類

・延納申請書
・金銭納付困難理由書
・担保目録
・抵当権設定登記承諾書、担保提供書　など

＊物納の場合の必要書類

・物納申請書
・金銭納付困難理由書
・物納財産目録
・登記簿謄本
・測量図　など

第4章

専門家への依頼と費用

01 どんな事柄を専門家に依頼したらよいか

遺産相続に関連して、どのようなことを専門家に依頼したらよいか知っておきましょう。

不適切な遺産処理を未然に防ぐために

遺産の相続や遺言は、複雑なケースも考えられるので、自己解釈や独自の判断だけでは不適切な処理になってしまうことがあります。それを防ぐために、時には専門家の力を借りることも必要になってきます。

例えば、法律全般については弁護士、税金については税理士、遺族年金のことなら社会保険労務士、公の機関に提出する書類作成や土地や家屋の登記申請は司法書士、遺言（公正証書遺言）の作成については公証人、土地や家屋の登記申請および調査・測量については土地家屋調査士、被相続人が亡くなった後の生活設計についてはファイナンシャル・プランナーなど、さまざまな専門家がいます。

状況によって、これらの専門家の人たちに適切に依頼することで、思わぬ不利益をこうむることもなく、困難な法律行為も適切・スムーズに処理することができます。

相続自体がさまざまな分野にわたるため、いざ依頼するとなると、専門職の名前は知っていても、誰にどのように依頼すればよいか迷うものです。ですから、どんな場合にどのような専門家に依頼したらよいのか見ていきましょう。

また、専門家への依頼には当然、費用がかかります。実際には、事務所や事業主によって費用はまちまちなのが現状ですが、後悔先に立たず。何事も十分に検討が必要です。

02

弁護士に依頼する

弁護士といえば、法律のプロです。相続に関するあらゆる相談に乗ってもらえます。

どんなことを依頼するか

弁護士は、法律全般に精通する専門家ですので、相続に関するあらゆる相談をすることができます。適切な法的判断のもとに、スムーズに物事を運ぶことは弁護士の重要な仕事です。

そして特に強いのは、紛争やトラブルの解決といったことです。弁護士は紛争の解決に関する豊富な経験を持っているので、紛争予防の対策を相談するのにも最適です。

弁護士に依頼できる主な業務は、具体的には、遺言書の作成、遺産分割の交渉や調停、遺留分減殺請求、無断で引き出された預金の取り戻し、相続放棄などがあります。

いつ依頼するか

相続に関して不安がある場合には、できるだけ早めに相談しましょう。相続放棄のように期限が決まっている（三カ月以内）手続きもありますし、トラブルは早期に対処した方がよい結果になることが多いからです。素人の判断で対応してしまうと取り返しのつかない結果を招くことがあります。

よい弁護士を選ぶポイント

一つの相続案件でも、複数の法的手続きを経なければ解決できない場合、依頼側の想定外の追加費用を請求されてしまうことがあります。一方弁護士にとっては、同じ相続案件だからといって、法的手続きが増えても追加費用なしで対応することは困難です。そこで、事前に委任の範囲とそのために必要な費用を明確に示してくれる弁護士を選ぶとよいでしょう。

また、事件処理の能力や進め方は、弁護士によって大きく違うものです。弁護士ならば誰に頼んでも一緒というものではありません。紛争の当事者になっている依頼者にとっては、ただでさえ大きなストレスを抱えているのに、弁護士との信頼関係が崩れてしまうと、本当に苦しい状況に追い込まれてしまいます。そこで、信頼関係を築けるような弁護士に依頼することが大切です。

●費用は弁護士によって違う

以前は日本弁護士連合会が定めた基準によって、弁護士報酬も決められていましたが、二〇〇四年四月にこの基準が撤廃されて、各弁護士事務所が独自の報酬規定を設けることになりました。弁護士費用は法律事務所によって大きく異なるので、まずは法律相談をして見積りをとり、その上で依頼するか否か判断するとよいでしょう。

信頼関係を築ける弁護士を選ぶポイント

①説明がわかりやすい弁護士

難しい法律用語もかみ砕いて、依頼者にできるだけ理解してもらおうと努めてくれる弁護士を選ぶとよいでしょう。弁護士に依頼したからといって全てお任せというわけにはいかず、重要な方針の決定は弁護士と依頼者が相談しながら決めていくので、この点は特に重要です。

②対応が早い弁護士

対応が早い弁護士は、一般的に解決に向けてさまざまな努力をしてくれます。仕事が丁寧だから対応が遅いという弁護士もいるかもしれませんが、依頼者を大切に考える弁護士なら、できるだけ早い対応をしてくれるものです。

③都合のよい結果ばかり言わない弁護士

依頼のときには「勝てます」などと安請け合いしたのに、いざ依頼すると説明と大きく異なるということがあります。紛争の解決においては、たいていは有利な点と不利な点があります。両方についてきちんと説明をしたうえで、どのような解決方法がよいか示してくれる弁護士がよいでしょう。

03

税理士に依頼する

相続税・贈与税などについては、税の専門家である税理士が強い味方です。

どんなことを依頼するか

税理士は税の専門家です。相続税・贈与税など、税に関する相談、税務署への申告代理を受け持ちます。相続税や贈与税など税がからむ相続が発生したときなどは、税理士は強力な助っ人になってくれます。

税理士にも専門分野がある

医師に内科・外科・耳鼻科などの専門があるように、税理士にも法人税（会社）、所得税（個人）、相続税などといった専門分野があります。なかでも相続税の申告は特殊性が強い分野で、全ての税理士が得意としているわけではありません。年間に何十件も相続税申告を行っている税理士もいれば、数年間に一回程度しか申告を行わない税理士もいます。

依頼する税理士によって結果に大きな差が出るケースもありますので、余計な相続税を払わなくて済むように、相続に精通した税理士に依頼したいところです。

税理士との信頼関係を築くために

相続税の相談をするときは、税理士に不動産や預金などの財産だけでなく、借入金などの債務を含めたすべての財産債務に関する情報を提示する必要があります。また、家族構成や生い立ち、人間関係などといったプライベートな話をする場面も出てきますので、税理士との信頼関係をしっかりと築けるかも大事なポイントです。

いつまでに依頼するか

「相続額は大して多くなさそうだ。分割協議書を書いてから税理士に依頼しよう」などと考える人が多いようです。しかし、実際に税理士に依頼して不動産や株式を評価してもらったら、予想よりも相続税が多いことが期限間近で判明し、困窮してしまうケースも見受けられます。

相続税の納付期限は、亡くなった日から一〇カ月以内です。その間に、相続税の計算をし、どうやって相続税を納めるのかを検討する必要があります。手許資金で納税できればよいのですが、足りない場合は、資産の売却や借り入れ、延納・物納の手続きをするなど、複雑で時間もかかることになる場合も出てきます。なるべく早い時期に税理士に依頼し、いろいろなアドバイスを受けながら手続きを進めた方がスムーズでしょう。

依頼費用は話し合いで決める

税理士に対する報酬について、明確な基準はありません。以前は「税理士業務報酬規定」というものがあったのですが、二〇〇二年三月に廃止され、それぞれの事務所が独自に価格設定をしていて、一般的には相続財産額に応じて決まります。

そこで、仕事の依頼の仕方としてはまず、依頼する内容がどのようなことなのかを税理士に詳しく説明しましょう。その上で、税理士から業務についての報酬の目安を示してもらい、検討するようにしたらよいでしょう。その場で即決せず、間をおき、じっくり検討した上で後日に連絡するなど、お互いが納得できてから正式に依頼するようにすれば後のトラブルも防げるのではないでしょうか。

04 社会保険労務士に依頼する

労働・社会保険に関する専門家で、遺族年金などの年金相談に応じてくれます。

どんなことを依頼するか

社会保険労務士は、労働・社会保険に関する法律、人事・労務管理の専門家として、企業経営の三要素（ヒト・モノ・カネ）のうち、ヒトの採用から退職までの労働・社会保険に関する相談・指導を行います。また、個人の年金の相談に応じる専門家でもあります。

どんなときに依頼するか

遺族年金の相談、年金の請求に関する書類作成の代行など、年金に関するさまざまな疑問や問題に対応してくれます。

例えば、配偶者が死亡して、夫または妻が遺族年金をもらう場合に発生する疑問に対して、その解決や円滑な手続を支援してくれます。

依頼費用はどのくらいか

社会保険労務士の報酬については、それぞれの事務所が独自に費用を設定しています。依頼したい内容を伝えていくつかの事務所から見積りを取り、比較した上で決めましょう。

なお、年金相談について、全国社会保険労務士会連合会のホームページには無料で年金相談ができる「街角の年金相談センター」の一覧が掲載されていますので、まずはこちらを活用されても良いでしょう（次ページ参照）。

街角の年金相談センター

「街角の年金相談センター」は、日本年金機構から委託を受けて、全国社会保険労務士会連合会が運営しています。主な特徴を紹介しましょう。

便利な立地、年金の相談・手続は全て無料

同センターは駅や市役所の近く、ショッピングセンター内などにあり、相談・手続はすべて無料です。

年金の専門家が丁寧に対応

年金の専門家である社会保険労務士などが対面で丁寧に対応してくれます（電話相談はＮＧ）。

街角の年金相談センターでできること

・年金相談、各種通知に関する問い合わせ、個人の年金給付に関する請求や各種変更手続き

・年金手帳、返金証書などの再発行受付（街角の年金相談センター（オフィス）※を除く）

※街角の年金相談センターの小規模センターを指します。

・年金と、雇用保険・労災・医療保険との関係についての相談

スムーズに年金相談を進めるために持参したい書類

相談窓口へ行く人	相談窓口に持参したい書類	
本人	年金相談	⑴年金手帳、年金証書または改訂通知書など、日本年金機構が送付した基礎年金番号がわかる書類
	証明書等の（再）交付を依頼	⑴年金手帳、年金証書または改訂通知書など、日本年金機構が送付した基礎年金番号がわかる書類 ⑵本人確認ができる書類
代理人（受任者）※家族を含む	年金相談	⑴本人の委任状（本人の署名・押印があるもの） ⑵代理人の本人確認ができる書類 ⑶本人の印鑑（証明書等の（再）交付を受けるときなど） ⑷本人の年金手帳、年金証書または改訂通知書など、日本年金機構が送付した基礎年金番号がわかる書類
	証明書等の（再）交付を依頼	

参考：全国社会保険労務士会連合会のホームページ

05

司法書士に依頼する

さまざまな公的な書類について、その作成の専門家として司法書士がいます。

どんなことを依頼するか

司法書士は、公的な書類を作成する専門家です。仕事の内容は、依頼人代理としての登記や供託についての手続きを行ったり、裁判所や法務局、地方法務局などの公的な機関に提出する書類を作成したりします。

相続開始時には多くの場合、不動産の相続があるので、その名義変更などは司法書士に依頼して、誤りのないようにしましょう。

どんなときに依頼するか

遺産相続の関連では、遺言書の作成のサポート、相続人の調査（故人の戸籍謄本の収集）、遺産分割協議書の作成、不動産の名義変更（相続登記）、相続放棄・限定承認の手続き、調停・裁判の申立書作成を依頼することができます。

また、会社関係の登記や登記簿謄本や印鑑証明書作成時の書類の作成、売買契約や賃貸借契約書の作成などもやってくれます。

依頼費用はどのくらいか

司法書士の報酬については、それぞれの事務所が独自に費用を設定しています。

依頼したい内容を詳しく伝えて、いくつかの事務所から見積りを取って比較した上で決めるのがよいでしょう。

06 公証人に依頼する

公証人は、遺言（公正証書遺言）の作成や秘密証書遺言の手続きを行います。

どんなことを依頼するか

公証人は、相続に関係したところでは遺言（公正証書遺言）の作成や秘密証書遺言の手続きを行います。公証人は、実務経験を有する法律実務家（裁判官、検察官、弁護士）の中から、法務大臣に任命された公務員です。つまり、その多くは、司法試験合格後司法修習生を経た法曹有資格者から任命されます。そのほか、長年法務事務に携わるか、これに準ずる学識経験を有する者で、検察官・公証人特別任用等審査会の選考を経た者も任命されています。

公証人の仕事場は公証役場で、全国には約三〇〇カ所あります。

そのほか公証人に依頼できること

①私文書の証明

公務員以外の人によって作られる文書を公証人の前で書かせて、本人作成のものであることを証明することです。

②日付の証明

請求書などの日付が重要な意味を持つ場合もあります。公証人の前で書かせてその日付を証明することです。

③会社の定款《ていかん》の認証

会社を設立した場合には定款を作りますが、その定款の認証をすることです。

④翻訳の公証

日本の会社が外国に会社を設立する場合、日本語で書いてあることが正しく翻訳されているかどうかを署名（サイン）によって公証することです。

公証人手数料

※公証人は公務員に準ずる身分ですので、手数料は「公証人手数料」（平成５年政令第224号、平成５年８月１日施行）で決められています。

	目的の価額	手数料
証書の作成	100万円まで	5,000円
	200万円まで	7,000円
	500万円まで	1万1,000円
	1,000万円まで	1万7,000円
	3,000万円まで	2万3,000円
	5,000万円まで	2万9,000円
	１億円まで	4万3,000円
	以下超過額5,000万円までごとに ３億円まで1万3,000円　10億円まで1万1,000円　10億円をこえるもの8,000円加算	

その他	私署証書の認証	1万1,000円 （証書作成手数料の半額が下回るときはその額）	外国文認証は6,000円加算
	会社定款の認証	5万円	
	確定日付	700円	
	執行文の付与	1,700円	承継等1,700円加算
	正本又は謄本	１枚250円	
	送達	1,400円	郵便料実費額
	送達証明	250円	
	閲覧	１回200円	

備考

1　**目的の価額の算定例**
　金銭貸借…貸借金額
　売　　買…代金の２倍の額
　不動産賃貸借…期間中の賃料総額（ただし10年分まで）の２倍の額
　担　　保…債権契約とともにするときは担保物件と債権のいずれか少ない額の半額を債権の額に合算して算定
　算定不能の場合…価額500万円として算定

2　**遺言手数料**
　目的の価額が１億円まで１万1,000円加算
　遺言の取り消しは１万1,000円（目的の価額の手数料の半額が下回るときはその額）
　秘密証書遺言は１万1,000円

3　**建物区分所有法による建物の規約設定手数料**

専有部分の個数	10個まで	２万3,000円
同	10個を超え50個まで	10個までごとに1万1,000円加算
同	50個を超え100個まで	10個までごとに9,000円加算
同	100個を超えるもの	20個までごとに6,000円加算

4　**事実実験手数料**
　１時間までごとに１万1,000円（休日等加算２分の１）
　拒絶証書作成は7,000円（同）

5　**役場外執務（遺言・事実実験・拒絶証書作成等）**
　日当…２万円（４時間以内１万円）
　交通費…実費額
　病床執務手数料…２分の１加算

07 土地家屋調査士に依頼する

土地・建物の登記に関する調査や測量については土地家屋調査士に依頼できます。

どんなことを依頼するか

土地家屋調査士は、土地・建物の登記に関する調査や測量の専門家です。主な業務は、現況測量（現状を調査して面積や形を確認し、現況測量図を作成すること）、隣家との境界線の確認、不動産の表示登記の代行などです。

土地家屋調査士が行う不動産に関する調査・測量は、法務局で保存され、公示されます。

どんなときに依頼するか

相続においては、土地の分筆登記をしたり、隣家との境界線を確定したりしなければならないことがあります。このようなときは、土地家屋調査士に調査や測量を依頼し、正しい図面を作ってもらいます。

また、土地の現状が登記と違う場合がありますが、この場合は正しい地積に修正する「地積更正《ちせきこうせい》登記」をしなければなりません。この際にも土地家屋調査士による調査や測量が必要となります。

依頼費用はどのくらいか

土地家屋調査士の報酬は、各事務所が独自に価格設定しています。具体的な依頼事項を持って事前に相談し、見積書を出してもらいます。場合によっては、複数の事務所から見積書を取って決めるとよいでしょう。

08 ファイナンシャル・プランナーに相談する

被相続人の死後の生活設計全般について相談したいときにはFPが最適です。

どんなことを相談するか

老後の生活設計、家計管理、資産運用などについて、金融、税制、不動産、住宅ローン、生命保険、年金制度などの幅広い知識を活かして、相談者の希望や目標がかなうよう、その生活設計を一緒に考えサポートしてくれるのがファイナンシャル・プランナーです（「FP《エフピー》」とも呼ばれます）。

相談は、一般的には、まず相談者の悩みや希望を聞き、将来の夢や目標を一緒に整理します。そして、その実現に向けて家計をチェックしたり、ライフスタイルに対する価値観などを話し合ったりしながら、ファイナンシャル・プランの作成を行います。

依頼費用はどのくらいか

FPに相談する場合の料金体系は、FPがそれぞれ独自に設定しています。時間制のものから、月額や年額などの定額制や顧問制、あるいはその併用などさまざまです。

ライフプランの提案書作成、収入・支出・資産運用のキャッシュフロー表作成、生命保険・損害保険の見直しなどは、別途料金を設定している場合もあります。相談内容によって、税理士や弁護士などの他の専門家の協力が必要となる場合には、該当する費用が別途発生することがありますので、あらかじめそういった点も含め、確認しておきましょう。

困ったときの各会連絡先

＊日本弁護士連合会
〒100-0013　東京都千代田区霞が関1-1-3　弁護士会館15階
電話(代表)：03-3580-9841／ファックス：03-3580-2866
ホームページ：http://www.nichibenren.or.jp/

＊日本税理士会連合会
〒141-0032　東京都品川区大崎 1-11-8　日本税理士会館 8 階
電話(代表)：03-5435-0931／ファックス：03-5435-0941
ホームページ：http://www.nichizeiren.or.jp/

＊全国社会保険労務士会連合会
〒103-8346　東京都中央区日本橋本石町3-2-12　社会保険労務士会館
電話（代表)：03-6225-4864／ファックス：03-6225-4865
ホームページ：http://www.shakaihokenroumushi.jp/

＊日本司法書士会連合会
〒160-0003　東京都新宿区四ツ谷本塩町 4 -37　司法書士会館
電話(代表)：03-3359-4171／ファックス：03-3359-4175
ホームページ：http://www.shiho-shoshi.or.jp/

＊日本公証人連合会
〒100-0013　東京都千代田区霞が関1-4-2　大同生命霞が関ビル 5 階
電話(代表)：03-3502-8050／ファックス：03-3508-4071
ホームページ：http://www.koshonin.gr.jp/

＊日本土地家屋調査士会連合会
〒101-0061　東京都千代田区三崎町1-2-10　土地家屋調査士会館
電話(代表)：03-3292-0050／ファックス：03-3292-0059
ホームページ：http://www.chosashi.or.jp/

＊日本 FP 協会
〒105-0001　東京都港区虎ノ門4-1-28　虎ノ門タワーズオフィス 5 F
電話(代表)：03-5403-9700／ファクス：03-5403-9701
ホームページ：https://www.jafp.or.jp/

（2017年9月現在）

第5章

お葬式とその前後にすること

臨終から納骨までの流れ

人が亡くなってからの葬儀、火葬、法要、納骨といった執り行うべきさまざまな内容を大まかに確認しておきましょう。

臨終

清拭《せいしき》と死化粧《しにげしょう》、菩提寺《ぼだいじ》に連絡、葬儀社へ連絡、自宅または安置場所への遺体の搬送、喪主の決定、葬儀日程・場所の決定、戒名の依頼

葬儀の準備

関係者への連絡、死亡通知状の発送、死亡届の提出、式場の準備、遺影の準備、手伝いの依頼、納棺

通夜

受付の準備、通夜返礼品の用意、僧侶の接待、通夜ぶるまい

葬儀

受付の準備、会葬返礼品の用意、読み上げる弔電の選別、出棺

火葬

火葬許可証を持参、拾骨《しゅうこつ》、遺骨迎えの準備

遺骨迎え後

還骨《かんこつ》法要、初七日《しょなのか》法要

会食

精進落《しょうじんお》とし、手伝いの人へのねぎらい、係の引き継ぎ

忌明け

四十九日の法要、香典《こうでん》返し、あいさつまわり、葬儀社への支払い、後片付けと形見分け

納骨

墓所の手配、納骨

01

遺骨迎えから初七日法要まで

火葬場から戻ってきた遺骨を迎えるために、後飾り壇を準備します。

お清めの仕方

仏教の宗派によっては、遺骨とともに火葬場から戻ってきた人に対し、家に入る前にお清めの儀式をします。これには、戻ってきた人が死のけがれを家に持ち込まないようにするためのものという説があります。家で留守番をしていた人が、玄関先に水と塩を用意しておき、戻ってきた人の手にひしゃくで水をかけ、体に軽く塩を振りかけます。最近は、手を洗うことをせず、塩は会葬礼状に付いているものを使うことが多いようです。

宗派によっては、この儀式をしないこともあります。キリスト教式も行いません。神式では、家に入る前に神職が帰《き》家清祓《かきよはらい》の儀を行います。

後飾り壇に遺骨を安置

火葬場から持ち帰った遺骨は、「後飾《あとかざ》り壇」と呼ばれる祭壇に安置します。後飾り壇は留守番の人と葬儀社で用意しておきますが、遺骨が自宅に戻ると同時に葬儀社が準備する場合もあります。

後飾り壇には、通常、二～三段の階段状の棚に白い布を被せ、遺骨や遺影、位牌などとともに、香炉や燭台《しょくだい》、花立て、リンなどを置きます。この祭壇は、忌明《きあ》けの四十九日まで飾っておき、四十九日の法要のときに片付けます。

なお、葬儀に参列できなかった人が、後日自宅を訪れたときには、この後飾り壇にお参りをしてもらいます。

還骨法要と初七日法要

後飾り壇に遺骨を安置した後、同行の僧侶に還《かん》骨《こつ》法要（還骨勤行《ごんぎょう》など、宗派によって呼び方は違う）のお経をあげてもらいます。

本来、ここまでで葬儀は終了となるのですが、近年、引き続いて初七日法要を行うことが多くなっています（「繰り上げ初七日」ともいう）。遺族が葬儀後、初七日法要のために再度休暇をとることが難しい場合や、遠方から出向く親族に何度も足を運んでもらうことができない場合に、法要を繰り上げて行うのです。

さらに最近では、葬儀の後にその場で初七日法要まで行うことも珍しくありません。この場合、全体の時間短縮が可能となります。その分、火葬後の精進落としの時間をゆっくりとれます。

特に、親族が遠方から来ていてその日のうちに帰途につく場合や、自宅と葬儀場、火葬場が離れている都市部では多くなっています。

神式では、仮祭壇に遺骨と仏式の位牌にあたる霊璽《れいじ》を安置した後、葬儀が無事に終了したことを神に奉告する祭詞を奏上し、参列者が玉串奉奠《たまぐしほうでん》を行う「帰家祭《きかさい》」を行います。キリスト教式では、これに相当する儀式はありません。

精進落とし

忌中（158ページ参照）は肉や魚を断って身を慎んで生活し、忌明けの四十九日目に通常の食事をとることを「精進落《しょうじんお》とし」といいます。

しかし、近年では、僧侶や世話になった人たちの苦労をねぎらうための食事という意味合いに変わり、初七日法要の後に会食を行うケースが多くなりました。

会食は、自宅で仕出しを頼むか料理屋に席を設けるのが一般的で、僧侶や手伝いの人たちを接待します。

精進落としでの喪主あいさつ例

●開会のあいさつ

「精進落としに先立ちまして、一言ごあいさつ申し上げます。皆様のおかげをもちまして、故○○○○の葬儀ならびに告別式を滞りなく終えることができました。心より感謝申し上げます。誠にささやかではございますが、精進落としの膳を用意させていただきました。故人の思い出などをお聞かせいただきながら、おくつろぎいただければと存じます。本日は誠にありがとうございました。」

●閉会のあいさつ

「皆様、本日はご多用中、誠にありがとうございました。もっとゆっくりおくつろぎいただきたいところではございますが、お疲れのことと思いますので、このあたりで閉会とさせていただきたいと存じます。これからも家族一同、力を合わせていきます。皆様には今後とも変わらぬおつきあいのほど、よろしくお願い申し上げます。本日は誠にありがとうございました。」

02 葬儀後の引き継ぎと支払い

葬儀中の事務作業の引き継ぎと葬儀費用の精算を行います。

葬儀事務の引き継ぎ

葬儀事務の引き継ぎは、できるだけ速やかに行いましょう。その日の精進落としの前後に行うのがベストで、遅くともその翌日には行います。

まず、香典袋に記載している金額と現金を照合し、金額を出納帳《すいとうちょう》に記載します。また、世話人などが立て替えていたお金などがあれば、すべて精算します。先方からは言い出しづらい場合もありますので、必ず立て替え金はないかこちらから確認をとりましょう。

次に、出納帳の記録と領収書を照らし合わせ、最終的に、出納帳の残額と現金の残額が合っているかを確認します。

なお、葬儀費用は相続税の控除の対象になります（103ページ参照）。葬儀費用には、葬儀社への支払いや寺社へのお布施《ふせ》なども含まれます。見積書や明細書、請求書、領収書など、全てまとめて保管をしておきましょう。ただし、法要は葬儀ではなく追悼儀礼となるので、葬儀費用には含まれません。

僧侶からお布施などの領収書をもらってよいのかどうか迷いますが、申し出れば、一般の領収書と同様に出してもらえます。

葬儀後に引き継ぐもの
香典と香典帳
出納帳
会葬者芳名帳や弔問客の名刺
供物や供花控帳
弔辞・弔電

●葬儀費用の支払い

一般的に「葬儀費用」には、次のものが含まれます。

・葬儀一式の費用（葬儀社へ支払うもの）
・寺院などへの謝礼
・飲食・接待費
通夜ぶるまい、精進落とし、火葬場休憩所の菓子や飲み物など
・その他
心付け、香典返し、会葬返礼品、親族の宿泊費など

葬儀一式にかかる費用は、葬儀の場所や規模によって大きく異なります。葬儀の費用は、金額も大事ですが、故人あるいは遺族が望んだ葬儀であったか、またそれに見合った金額かどうかが重要でしょう。

なお、費用の支払いは、葬儀社から請求書が来てからになります。葬儀後数日のうちに、葬儀社が持参するか郵送で送られてきます。請求書が届いたら、先に受け取っている見積書と必ず照合し、不明な点があればすぐに電話で確認をしましょう。

飲食・接待費は、人数がほぼ確定している場合、仕出し弁当や飲み物代など一人五〇〇〇円前後はかかります。事前に人数がわからず、葬儀に大勢の人が訪れると予想される場合は、親族の人数に加えて参列者の予想人数の六～七割程度で寿司や盛り合わせ料理、飲み物などを注文することになります。

その他、関係者への心付けや親族の宿泊費なども含めると、予想以上にお金がかかるものです。親族の宿泊費については、〝お互い様〟ということで各自で予約・支払いしてもらってもよいでしょう。

なお、斎場などに宿泊施設がある場合は、そこを利用すれば節約になります。

葬儀費用の目安

一般的な総額費用例　1,355,416円

- **葬儀基本費用／約83万円**
  …祭壇、棺、人件費等。
  家族葬向けの内容の場合
- **葬儀の場所／約16万円**
  …家族・親族が集まりやすい場所
- **食事／約16万円**
  …通夜・葬儀の２日分
- **返礼品／約４万円**
  …参列のお礼としての品を用意
- **火葬、車両／約16万円**
  …一般的な火葬炉と車両の場合

※宗教者の費用は別途。寺院と相談

●首都圏の事例

事例１　約97万円
『家族中心に、しめやかな家族葬を行いたい。』
規模：10名
形式：仏式
地域：東京都 杉並区

事例２　約154万円
『故人の好きだった色のお花の祭壇で送りたい。』
規模：50名
形式：仏式（生花祭壇）
地域：東京都 品川区

事例３　約256万円
『家族や親戚が宿泊できる葬儀場で行いたい。』
規模：200名
形式：無宗教（生花祭壇）
地域：東京都 世田谷区

※上記金額はすべて株式会社公益社の事例

葬儀の流れと主な費用の例

死亡

↓

遺体引き取り

寝台車／3万1700円～（病院から自宅、自宅から会館へ）
保冷処置／2万円（2日分）

↓

通夜・葬儀

基本セット／35万～100万円（祭壇、飾り、人件費）
棺／10万～25万円
遺影／2万5,000～5万円
会館使用料／20万円
会葬礼状／1万円（100枚セット）
供養品／5,000～5万円
飲食費／6万～24万円

↓

火葬

霊柩車／1万9110円～
火葬料金／5万9000円
収骨容器一式／1万3335円

↓

葬儀費用合計（税別）92万～207万円

※公益社用賀会館の一般的な価格帯の例。親族のみ10人～参列者100人の場合。この他、戒名、お経代などの寺院費用は別途。

私らしい葬儀の準備

次のようなことをメモとして残すか、エンディングノートのようなものに残しておくとよいでしょう。

・伝えてほしい人の連絡先リスト
・希望する会館
・仏式などの形式
・遺影にする写真
・納棺のときの服装
・棺と骨壺
・香典の使い道（寄付してほしいなど）
・趣味の絵を飾って個展風な葬儀に
・好きだった曲を流してパーティー風に

自分自身の望ましい葬儀のかたち

「自分にとっての望ましい葬儀のかたち」についてのアンケート調査の結果（複数回答、上位４項目）です。

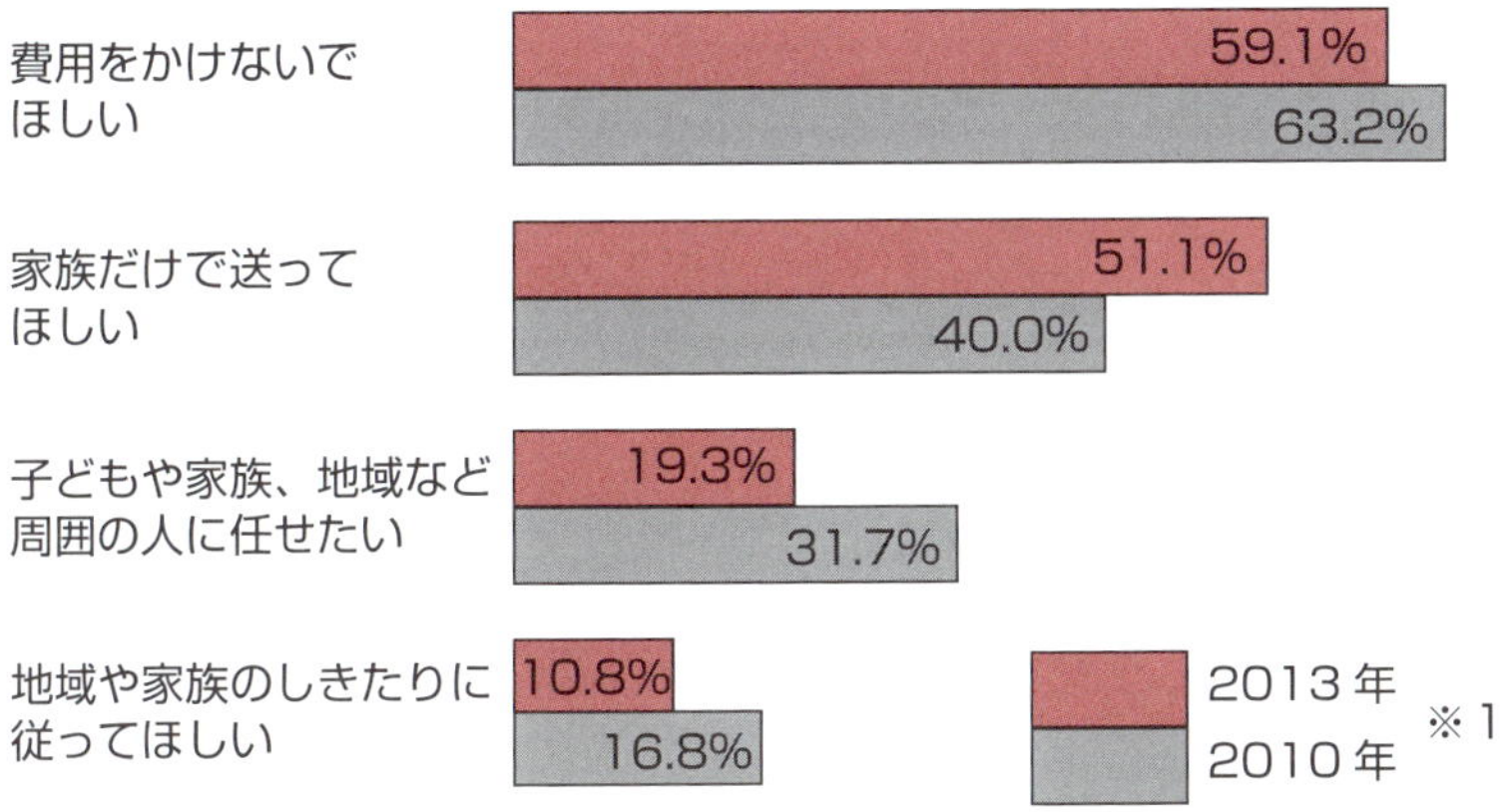

※１　出典：一般財団法人日本消費者協会
第９回葬儀についてのアンケート調査報告書2010年
第10回葬儀についてのアンケート調査報告書2014年

葬儀内容の内訳

一般的な葬儀社での葬儀の内訳は、次のとおりです。葬儀一式がパッケージされている場合でも、その内容をよく吟味しましょう。セット料金に含まれていないものは意外に多いので、細かく見ておく必要があります。

また、故人や遺族の希望などで必要なサービスがあれば追加できるかどうか、できるかぎり交渉しましょう。

・葬儀における必要最低限のサービス

祭壇、棺、納棺用品、枕飾り、白木位牌、中陰後飾り、受付用品、受付設備、案内看板、線香、ローソク、人的サービスなど

・オプションサービス

テント、貸布団、ドライアイス、遺影写真、会葬返礼品、会葬礼状、料理、飲み物、供物、供花、生花装飾、エンバーミング、式場内設備、ガードマン、ビデオ撮影、ナレーション、送迎用マイクロバス、訃報広告、貸衣装など

ちなみに、㈶日本消費者協会の第一〇回「葬儀についてのアンケート調査」報告書（平成二六年一月）によると、葬儀一式にかかった費用の平均額は一二二・二万円、飲食費は三三万九〇〇〇円となっています。

遺影の生前撮影

最近は、自分の葬儀を〝自分らしい葬儀〟にしたいと考える人が増え、なかでも納得のいく遺影写真を残しておきたいと、生前に自分で準備する人もいます。

実際、葬儀の直前になって慌てて団体写真を切り抜いたり小さな写真を引き伸ばしたりするしかなくて、「遺影として故人を偲べるような写真がない」という状況になる場合があります。

一般の写真館でも「遺影用の写真を撮りたい」

と申し出れば撮影は可能でしょう。なお、「遺影写真を撮る」ということに抵抗がある場合は、還暦や喜寿などの記念にきちんとした写真を撮っておくとよいでしょう。いざというときに慌てずに済むようにしておきます。

近年、自分の人生を振り返って思い出を綴ったり、葬儀、相続などについて希望を書き込んだりする「エンディングノート」が流行しています。そういうものに、自分の葬儀をどのように行ってほしいか、またどの写真を遺影として使ってほしいかなど書いておくのも、一つの手です。

故人の生前が偲べるような、素敵な写真を遺影にしましょう。

Column

注目のエンバーミングとは

エンバーミングは故人を元気だったころの姿に近づける技術で、ライセンスを取得したエンバーマーによって行われます。とくに高齢の人や大病の末に亡くなった人を送るときなど、できるだけ良い表情にすることができ、ドライアイスを使わず遺体を長期間保つことができるので、参列者も小さな子どもも安心して故人の最期の顔を見てゆっくりとお別れができます。

施術のためには専用の施設が必要なためエンバーミングが可能な葬儀社は限られていますが、やすらかな顔や姿となった故人とゆとりを持ってお別れができると注目されています。

03

お礼とあいさつ

葬儀のときにお世話になった寺社や人には、きちんとお礼をしましょう。

寺院や神社、教会などへのお礼

本来は葬儀後にあらためて直接お礼に伺うのが礼儀ですが、近年は、寺院や神社、教会などへのお礼は、通夜や葬儀・告別式などの後に渡すことが多くなっています。あらためて先方を訪ねてお礼を包む場合は、今後の法要などの打ち合わせを兼ねて、葬儀から遅くとも一週間以内にあいさつに伺いましょう。そのときの服装は礼装でなくてもよいですが、準礼服がよいでしょう。

お布施などの金額については、直接先方に尋ねてみるとよいでしょう。あるいは、葬儀社や檀家、世話人などに相談してみてもよいでしょう。

・仏式の場合

お布施（読経《どきょう》料、戒名《かいみょう》料など）は一括して渡します。渡す場合は白い封筒に入れ、表書きは「御布施」とします。なお、僧侶が通夜ぶるまいや精進落としを辞退したときには「御膳料」を、送迎車両を辞退したときには「御車代」を渡すのが一般的です。

・神式の場合

斎主《さいしゅ》、祭員、楽人《がくじん》それぞれに謝礼を渡します。封筒の表書きは「御祭祀《おさいし》料」か「御神饌《ごしんせん》料」「御礼」とします。

・キリスト教式の場合

教会へのお礼は教会への寄付・献金となり、封筒の表書きは、「御花料」「献金」などとします。牧師（神父）やオルガン奏者へは「御礼」「謝礼」とします。

お礼の包み方

（点線に沿って折る）

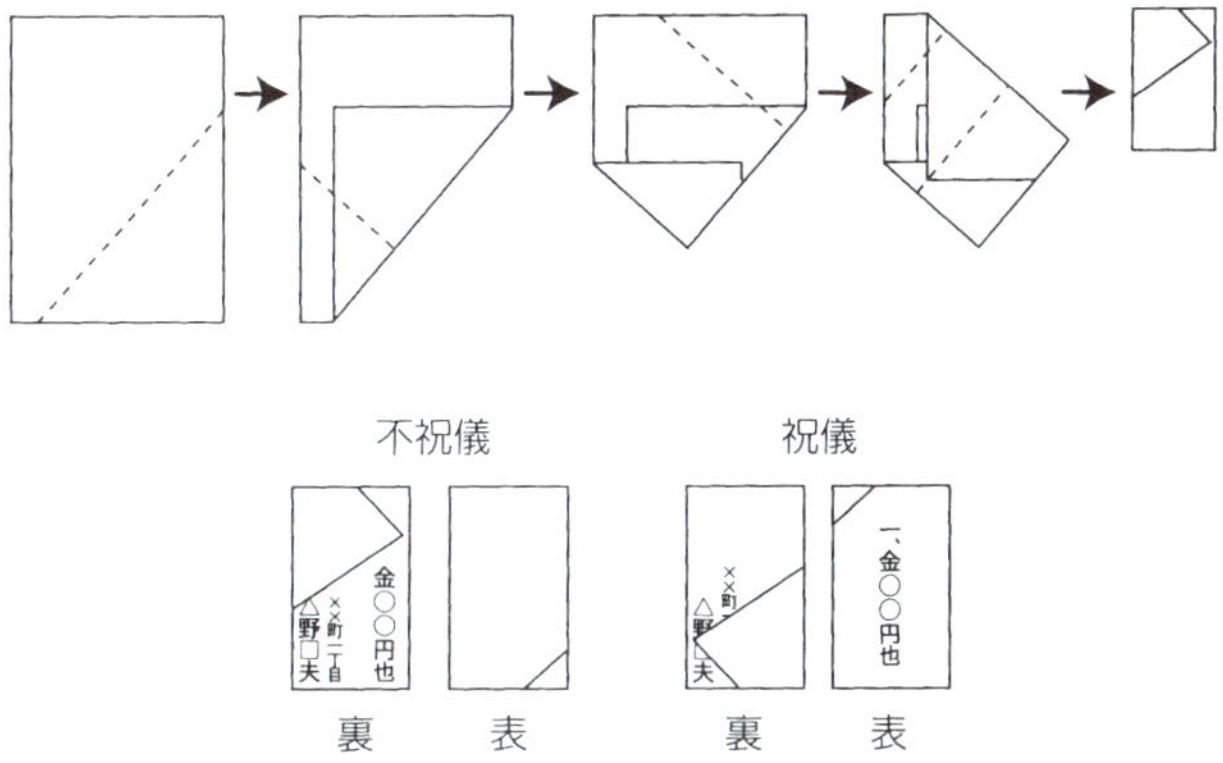

※お礼は水引のかからない白い無地の封筒か、上図のように白い紙で包んで手渡します。ふくさなどに包んで持参し、文字が相手から見て正面になるようにして渡します。

近所やお世話になった人へのお礼

葬儀でお世話になった人へのお礼は、葬儀当日に「御車代」や「御礼」として現金を包むか、御礼の品を渡します。あらためてお礼に伺う場合は、葬儀の翌日か遅くとも初七日までにし、その折は商品券などを持参することもあるようです。

また、故人の恩人や町内などへのあいさつも忘れずに行いましょう。自宅で葬儀をして隣近所にも迷惑をかけた場合は、おわびとともに無事に葬儀を終えたことを報告します。

故人が会社員の場合、会社の私物の整理・受け取りや必要な手続きもあるので、菓子折りなどを持って会社へあいさつに伺います。

なお、事情であいさつ回りができないときや、後日弔電や香典などを郵送してくれた人などには礼状やお礼の品を送ります。葬儀が年末だった場合、礼状の発送は松の内が過ぎてからにします。

Column

税理士から見た
お葬式直後にすること

相続が発生することは、ご親族や関係者にとって大変つらく悲しい出来事です。しかしそんななかで通夜や葬儀が済んで一段落しても、今度はさまざまな相続の手続きを進めていかなくてはいけません。

遺産分割協議をしたり、相続税の計算をしたりするためには、その前提として、亡くなった人がどんな財産をどれぐらい残したか、相続財産を調べる作業が手続きの出発点です。土地や建物といった不動産は、権利証や固定資産税の通知書等で確認し、預貯金は、預金通帳や取引のある金融機関に残高証明書を取り寄せることにより確認します。預金通帳の入出金履歴にも、さまざまな情報があります。例えば、証券会社の入出金履歴があれば、その会社に照会することによって株式などの情報を得ることができます。また、貸金庫手数料の支払記録があれば、その貸金庫を調べることによって新たな財産を発見することもあります。

葬儀費用の準備も早めに検討しましょう。葬儀が終わり、亡くなった方の預金からお金を引き出して支払おうとしたができなかったという事例を聞きます。これは、金融機関が預金口座の名義人が亡くなったことを知り、その口座を凍結したためです。一旦凍結されてしまうと、相続人全員が合意し、相続手続きが終わるまでは、たとえ家族であっても原則、預金を引き出すことはできません。葬儀費用の引き出しであれば、相談に応じてくれる金融機関もありますが、手続きに時間がかかりますし面倒なものでしょう。そのため、葬儀費用などはある程度事前に準備しておく方がよいでしょう。

相続に関する手続きは、戸籍謄本の収集、遺産分割協議や財産の名義の書き換えなど、いずれも煩雑なものです。また相続税の申告が必要な場合は、亡くなった日から10カ月以内に申告書の提出と税金の納付手続きを済ませる必要があります。10カ月という期間は、長いようでいて、あっという間です。手続きの多くは相続人の共同作業になりますので、思った以上の時間がかかります。何事も早めに着手することが大事です。

税理士　吉田久伸

04

さまざまな葬儀のあり方

できるかぎり故人の想いと遺族の想いが一致するような葬儀にしたいものです。

葬儀の多様化

最近、葬儀は多様化しています。葬儀にかける費用も千差万別、葬儀の方式も仏式や神式、キリスト教式といった宗教や宗派などの格式にとらわれない、比較的自由な形式の葬儀を執り行うことも増えています。

特に「家族葬」のような葬儀の小規模化が目立ち、火葬のみの「直葬《ちょくそう》」や故人の生前の希望を活かした個性的な葬儀も増えています。

①家族葬とお別れの会

最近特に多くなっているのが、遺族や親族、故人と特に親しい間柄の人たちだけで行う「家族葬」です。小規模な葬儀なので、格式ばらずに遺族の気持ちに沿うような送りができるとして、好まれています。

家族葬を近親者で行った後に、故人の友人、知人などを招いて「お別れの会（偲ぶ会）」を開くこともあります。会を行う場所や形式はさまざまですが、ホテルや飲食店で、会食スタイルで行うことが多いようです。

Column

自然葬にかかる費用

自然葬の中では、遺骨を海にまく散骨の方法をとるケースが多いようですが、かかる費用は個人葬で30万円、一度に複数の家族が行う合同葬で10万円程度のようです。樹木葬は50～80万円程度、バルーン葬は20～30万円程度、宇宙葬は50～800万円程度と幅があります。一般的な葬儀費用でも数百万円かかることがあるので、故人の強い希望がある場合は検討してもよいのではないでしょうか。

Column

「家族葬」とは何か

葬祭研究所主任研究員
安宅　秀中

「家族葬ってお葬式全体の何割くらいを占めるんですか?」マスコミの方からの取材では、決まってこう聞かれます。私は「わかりません」と答えます。なぜなら何をもって家族葬とするかという、家族葬の定義がないからです。

例えば、もし「家族葬とは、○親等の血縁者のみで執り行われる葬儀である」という定義があれば、「全体の何割です」とお答えできるかもしれません。私自身は、家族葬とは「家族を中心とした小規模なお葬式」だと思っています。ところが現在、「家族葬」についてはっきりした定義がなく、使う人によって言葉の意味がバラバラなためさまざまな問題が生じています。

先日も「家族葬をしたい」という事前相談の電話をお受けしましたが、「参列者は二〇〇人くらい」とのこと。その方は、会社が執り行う葬儀が社葬で、家族が執り行う葬儀が家族葬だと思っていらっしゃったようです。これは極端な誤解の例ですが、似たような話はよく耳にします。

そもそも「家族葬」という言葉は、一九九〇年代の終わりころ、消費者に対して「小規模なお葬式」のイメージが伝わりやすいように、ある葬儀屋さんが使い出したようです。その後、言葉の定義はないまま、あっという間に世間に広まってしまいました。

その結果、こんな質問もよくお受けします。「『家族』葬だから、家族でしかやっちゃいけないんでしょうか?　ご近所の方や仲のいい友人もお葬式に呼びたいんですけど……」この質問に対する私の答えはこれです。「呼びたい人を呼びましょう」。

でもこのように申し上げると、こう考える人もいるかもしれません。

Aさん「家族葬ってこぢんまりしてて、葬儀費用も少なくて済むはず。家族葬の方がいいな」

Bさん「家族葬ってシンプルで簡単にできそうなイメージがあるから、家族葬にしようかしら」

Aさんの言う葬儀費用に関しては、実は、人を呼んでも呼ばなくても遺族の負担はあまり変わりません。確かに参列者が少人数なら、お返し物（ハンカチやお茶など）と参列者に振る舞うお料理の費用は少なくて済みます。仮に何十人もの参列者を葬儀に招く場合、当然参列者の人数分、お返し物と料理の費用が増えてしまいます。でも一方で、参列者はお断りしない限り御香典を持参します。都市部では参列者の御香典の金額は約五〇〇〇円と言われ、この半分は香典返しとして、残り半分はお返し物と料理代として充当されるのが一般的です。つまり、参列者が増えると出費は増えますが、その増加分は、参列者の持参する御香典である程度埋め合わせることができるのです。

また、Bさんの言う家族葬は簡単にできそうだという意見も、実は誤解です。一般的な葬儀も家族葬も、基本的な流れは変わりません。お葬式に呼ぶ人数を絞り込もうとすると、むしろ訃報が漏れないように注意しつつ、念入りに選ばなければいけない分、家族葬の方が難しい面もあります。

このように、負担する費用は人数にはあまり関係がなく、家族葬だからといって簡単だというわけではないのです。ですので、皆さんは、葬儀屋さんが商売で考え出した「家族葬」という言葉に振り回されないで、呼びたい人を呼び、規模の大小よりも納得のいく形で葬儀をされてはいかがでしょうか。

本当に故人を慕う人たちだけでお別れをすることができる、これが家族葬の本質なのですから。

②直葬

病院で亡くなった後、宗教儀礼を行わず、遺体を直接火葬場に送って火葬を行うことを「直葬」といいます。通夜や葬儀などをしないので、かかる費用は遺体の搬送費と火葬の費用のみ（一〇～三〇万円程度）となります。

③自然葬

近年、特定の墓に遺骨をおさめるのではなく、自然葬（海や山に遺骨をまく「散骨」など）に関心が集まっています。これは、生前好きだった場所に骨を埋めたいという故人の希望や、墓を守ってくれる家族や親戚がいないため墓を持たない散骨を選ぶケースもあります。

・散骨

陸地での散骨は周囲とのトラブルになりやすいため、多くは「海洋散骨」といわれる、海に遺骨をまく形式で行われます。散骨を専門とする業者もあり、船をチャーターして近親者のみで行う「個人散骨」や、数組の家族で行う「合同散骨」、遺骨をまくことを業者に依頼する「委託散骨」などがあります。海にまく場合でも、その沿岸で生活する人はいるわけですから、遺骨は二ミリメートル以下に砕き、二〇キロメートル程度沖合いに出て行うなどの配慮が必要です。

最近は、従来の形式にしばられない自然葬も人気です。

・樹木葬（桜葬）

墓石もカロート（納骨箱）も作らず、地面を掘って遺骨を直接埋め、そこに山つつじなどの樹木を植える葬送法です。使用者が支払った管理料が、樹木周辺の手入れ作業に当てられます。「墓地埋葬法」上、墓地として許可を受けた区域に埋めることが多く、墓石の代わりの樹木が桜の木の場合、「桜葬」と呼ぶことがあります。

・バルーン葬

直径は二～三メートルほどの巨大バルーンに遺灰を入れ、バルーンを空に葬送します。数時間後に高度三〇～三五キロメートルの成層圏付近で、気圧によってバルーンが三～四倍に膨張し、割れて、宇宙に散骨されるしくみです。

・ロケットや人工衛星で打ち上げる宇宙葬

ロケットや人工衛星に少量の遺骨とメッセージを搭載して打ち上げます。人工衛星は地球を回った後、燃え尽きて大気圏に突入します。アメリカで始まったサービスです。

Column

散骨は合法なのか？

自然葬といわれるものは、昔、日本では刑法の遺骨遺棄罪に問われるとされていました。しかし、平成３年に法務省が「宗教感情を害さないかぎり、この限りではない」という見解を打ち出し、「墓地埋葬法」（「墓地・埋葬等に関する法律」）でも遺骨の保管やその他の処理ついては言及していないため、海や山に散骨しても違法ではなく、自然葬は禁じられないという解釈が成り立つことになりました。

しかし、他人の権利を侵害したり、社会の秩序を乱したりしてはなりません。例えば、全く関係のない他人の土地に遺灰をまいた場合は、正当な理由なくみだりに所有権を侵害したことになり、「廃棄物処理法」16条２項に当てはまる違法行為となります。また、組織的、業務的に行う場合などは、現在の法律でも都道府県知事の許可が必要です。

Column

葬儀社インタビュー
葬儀前後をトータルサポートする公益社

近年、日本社会の変化に伴って、葬儀も多様化しています。

葬儀に関する情報量が増えたり、日本人の宗教観が変化したり、地縁・血縁が薄くなったりしていることから、従来の葬儀の方法とは違う、自由な葬儀を望む方が増えてきました。

最近の葬儀の特徴としては、小規模化と個性化が目立ちます。特に「家族葬」（152ページ参照）と呼ばれる、近親者を中心に執り行う葬儀を希望する方が増えています。

また、生前の趣味を活かした祭壇を選んでおくなど、ご自分で葬儀の演出を考える方もいらっしゃいます。昔は、葬儀の話を生前にすることはタブーでした。しかし最近は我が社のように、葬儀の事前相談から、葬儀の施行、葬儀後の法要のお手伝いや仏壇・墓のこと、相続などの煩雑な手続き相談等までトータルにサポートしてくれる葬儀社を利用する方が増えているのです。何かとわからないことが多い葬儀について、事前に納得がいくまで相談できるのが安心感につながっているとの評価をいただいています。

なお、我が社では「葬儀信託」という新たな商品をご用意しています。これは、葬儀にかかるすべての段取りを事前に済ませておき、その代金を銀行で信託財産としてお預かりするもので、いわゆる「おひとり様」でも安心して葬儀の準備ができる商品となっています。

さらに、葬儀も重要ですが、遺族の方の側に立つと、大切な方を亡くした悲しみを受け入れ、生活を立て直していくことが現実問題としてのしかかってきます。精神的に故人の死を受け入れられずに苦悩する方も多く、そのためにはグリーフケア（死別体験者の支援）が大切で、我が社ではこういった遺族をサポートをする「ひだまりの会」の運営も行っています。

株式会社 公益社
葬祭研究所主任研究員　安宅秀中

第6章

忌明けと法要

忌中と忌明け

四十九日の法要までを忌中といい、法要の日をもって忌明けとします。

四十九日の法要までが「忌中」

仏教では、人が亡くなった日から四十九日の法要までを「中陰《ちゅういん》」とし、その間七日ごとに法要を行います。これを「中陰の七仏事」といい、死者を供養し幸せな転生を願うために行うという説や、生前の所業について七日ごとに受ける裁きでその罪を少しでも軽くするために行うという説などがあります。

なお、仏式では四十九日目の法要をもって「忌《き》明《あ》け」とし、それまでを「忌中《きちゅう》」といいます。その後を「服」と呼び、この忌と服を合わせた期間を「喪中」といいます（170ページ参照）。喪中の期間は一周忌までの一年間です。

中陰の七仏事

亡くなった日を含めて	呼び方
7日目	初七日（しょなのか） ※最近は、諸事情から葬儀当日に行われることが多い。
14日目	二七日（ふたなのか）
21日目	三七日（みなのか）
28日目	四七日（よなのか）
35日目	五七日（ごなのか） ※地域によってはこの日が忌明けとなる所もある。
42日目	六七日（むなのか）
49日目	七七日（なななのか） ※霊が家から離れるという区切りの日。この日をもって忌明けとする。

02 四十九日の法要

四十九日の法要は忌明けとなる、特に重要な法要です。

「忌」が明ける重要な日

仏教が生まれた古代インドでは「輪廻転生《りんねてんしょう》」の思想があり、死者は死後四十九日目に、六道《ろくどう》のうち、どの世界に生まれ変わるかが決まると考えられていました。

日本では、真宗以外の宗派では基本的に、死後仏になるためにあの世を目指す道中には審判を受ける場所があり、そこで生前の罪が裁かれると考えられています。罪が重いと地獄に落とされるので、それを救うために遺族が法要を行い、罪を赦《ゆる》してもらうというのです。四十九日目は最後の審判の日にあたるので、四十九日の法要は特に重要と考えられています。

六道（生まれ変わる六つの世界）

三善道（三善趣）	天道《てんどう》	人間より優れた天人が住み、人間の世界より苦しみが少なく、楽の多い世界。
	人間道《にんげんどう》	人間が住み、生病老死の四苦八苦があり苦しみが多いが楽もある世界。
	修羅道《しゅらどう》	阿修羅が住み、戦いを繰り返す、欲望のうずまく世界。
三悪道（三悪趣）	畜生道《ちくしょうどう》	馬や牛などの畜生が住み、弱肉強食の互いに殺傷しあう世界。
	餓鬼道《がきどう》	餓鬼が住み、飢餓に悩まされる世界。
	地獄道《じごくどう》	前世の罪を償うための、さまざまな苦しみを受ける世界。

法要の準備

①日取りを決める

まず、法要の日取りを決めます。本来は四十九日当日にしますが、実際には、出席者の事情を考慮して日曜日などの休日に行うのが一般的です。その際は、忌日より必ず前へずらした日にちを選ぶのが習わしです。

日取りは、寺院や僧侶の都合、会食の会場なども併せて考えます。地方によっては、遺骨迎えのときに四十九日の法要もかねて行なったり、逮夜《たいや》（忌日の前夜）に法要を営んだりすることがあります。

②参列者を決める

日時が決まったら、次は参列者へ連絡をします。連絡する範囲は、一周忌や三回忌ほど多くなくても構いません。近親者は電話で連絡してもよいのですが、通常は、封書に案内状（寺院などの案内図）と出欠の返信用はがきを同封します。参列の服装は喪服が基本です（三回忌以降は準喪服でもかまいません）。

③卒塔婆を申し込む

寺院で卒塔婆《そとば》供養の申し込みをします。卒塔婆とは、故人の供養のために墓に立てる細長い木の塔のことで、費用は一本三〇〇〇～五〇〇〇円ほどです。施主や遺族以外からも卒塔婆の申し込みがあるかもしれませんので、案内状の返信はがきに卒塔婆起塔の申し込み欄も設けておくとよいでしょう（浄土真宗には卒塔婆供養はありません）。

④供物やお花、引き物（手土産）などの準備

供物やお花などは、依頼すれば寺院で用意してくれることもあります。最近は、引き物として、もらった先方が好きなものを選べるカタログギフトなども増えています。

⑤会食の予約

法要後に行う、僧侶や参列者をもてなす会食の席を「お斎《とき》」といいます。寺院に併設された施設

や料亭などで行います。施主のあいさつから始まり、二時間程度でおひらきにします。

⑥僧侶へのお礼（お布施《ふせ》）

お布施の額は、寺院や法要の規模によって違いますので、まずは寺院に確認しましょう。お布施は、法要の前に手渡しします。僧侶が会食に参加しない場合は、別に「御膳料」を渡します。寺院以外の場所で行う場合は、「御車料」を渡します。

Column

浄土真宗のお葬式の作法

他宗派は、四十九日を経て故人が仏様になると考えるのに対し、浄土真宗は亡くなった段階で浄土に生まれ仏様になると考えます。そのため、1）御香典袋の表書きは、お葬式のときから「御仏前」とする、2）経帷子《きょうかたびら》（白い死装束）は不要、3）四十九日間の霊前のお供え物も不要、と言われています。

これ以外にも、線香を立てずに寝かす、戒名ではなく法名と言う、お清めの塩を渡さない、お仏壇には位牌ではなく過去帳を使うことが多い、などの特徴があります。

法要の進め方

四十九日の法要において、行わなければならない内容や法要の進め方は特に決められていません。僧侶の読経《どきょう》や入魂供養《にゅうこんくよう》、遺族・参列者の焼香、僧侶の法話をした後に、墓参りをして、参列者で会食（お斎）を行うのが一般的です。

入魂供養とは、葬儀に用いた白木の位牌を本位牌（塗りの位牌）に代える儀式です。儀式には位牌が必要なので、家を出る際には必ず位牌を持って出るようにします。浄土真宗では位牌は必要ないとされ、代わりに法名軸や過去帳があります。

法要後に墓に赴いたら、供物や線香を供え、卒塔婆を立てて供養をします。納骨式（173ページ参照）もこの日に行う場合は、この供養の後に引き続いて納骨式を行います。

最後に会食を行う席で、施主から参列者へあいさつをします。

・**法要でのあいさつ**

法要でのあいさつは、会食の前に施主自らが行います。あいさつには、

・法要に参列していただいたお礼
・葬儀を含めてお世話になったお礼
・遺族のその後の状況報告
・会食でもてなしたいこと

などを織り交ぜるとよいでしょう。

忌明けのあいさつ状

香典《こうでん》返し（次ページ参照）を即日返しせず、忌明けに行う場合は、あいさつ状と一緒に送ります。あいさつ状には、

・香典または供物などをいただいたことへのお礼
・四十九日の法要を無事終わらせたこと
・香典返しの品物を贈った報告

などを簡潔に書きます。通常、弔事の手紙には時節のあいさつなど前文はつけないのですが、このあいさつ状にはつけてもかまいません。

正式には、奉書に薄墨で書き、白い封筒に入れ、表書きは「御挨拶」としますが、最近はデパートの香典返し専門コーナーや葬儀社などで、名前と日付だけを書き入れるだけでよいあいさつ状もあります。

会食での施主あいさつ例

本日はご多用の中、故○○○○の四十九日法要にご参列いただきまして、誠にありがとうございました。

葬儀の節には、一方ならぬご厚情、お世話をいただき、あらためて御礼申し上げます。
○○が亡くなってから早四十日が過ぎようとしています。葬儀直後は慌ただしさに紛れておりましたが、ここにきて○○を亡くした寂しさを感じております。○○を失ったことは大変無念ではございますが、残された私どもは力を合わせて生きていきますので、今後ともなにとぞよろしくお願い申し上げます。
本日は遠方からお越しいただいた方もいらっしゃいますが、お時間の許す限り、ごゆっくりお過ごしくださればと存じます。

本日は誠にありがとうございました。

03

香典返し

通夜や葬儀において、故人にお供えいただいた香典へのお返しをします。

香典返しの仕方

・仏式の場合

香典返しは、本来、四十九日を過ぎた後、つまり忌明け後に贈ります。以前は喪主が直接先方の自宅などに品物を持参してあいさつするものでしたが、現在はあいさつ状を添えてデパートや専門業者から相手の自宅へ配送することが多くなっています。

さらに最近では、葬儀当日に会葬御礼の品とともに香典返しの品も渡して、持ち帰ってもらうことも増えています。これを「即日返し」といい、香典をいただいた方に一律二〇〇〇～三〇〇〇円程度の品を渡します。後で贈る手間が省けて楽だと考えられがちですが、いただいた香典の金額が大きかった人には、忌明け後にあらためて品を贈ることも考えなければなりません。

いただいた供花や供物は香典に相当するものとして、香典返しを贈ります。なお、弔電については、香典返しの品は不要です。

香典返しは俗に「半返し」といわれ、いただいた香典の半額程度の品を贈るのが一般的です。贈る品物は、後に残らないものがよいとされ、タオルやシーツ、お茶や海苔、靴下など、いただいた香典の金額に合わせて選びましょう。

また、香典返しの品物は黒白かグレーの水引のついた掛け紙でくるみます。そして上の段には「志」あるいは「忌明」と書き、下の段に喪主の名前を書きます。

香典返しにはどんなものがよい？

○　消えもの（すぐ使ってなくなるもの）を選ぶ

お菓子　コーヒー

お茶　海苔

タオル　洗剤

○　カタログギフトも人気

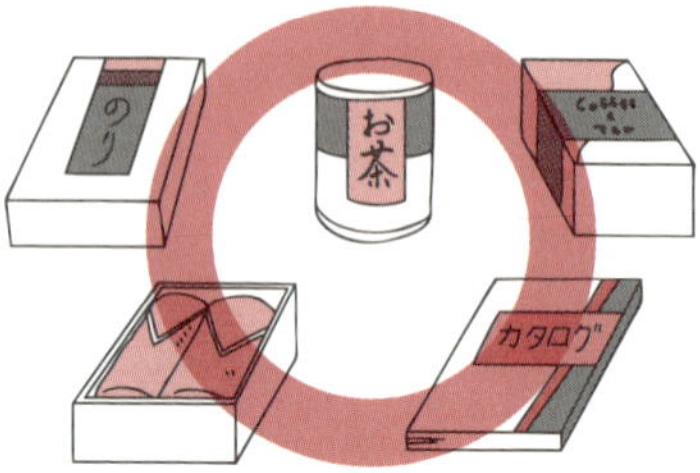

×　肉や魚はNG

×　お酒などの嗜好品はNG

×　商品券は避けた方が無難

・神式の場合

三十日祭か、五十日祭の後に贈ることが多いようです。品物は銀一色の水引のついた掛け紙でくるみ、表書きは「志」とします。

・キリスト教式の場合

香典返しにあたるしきたりはありませんが、死後一カ月目の命日に贈り物をすることもあります。表書きは「記念品」とします。

宗派によってはもちろん、地域によっても、いつ、どのようなかたちで香典返しを行うのか、また掛け紙や表書きなどにも違いがあります。

香典返しを受けた側は、それに対する礼状は出さないしきたりになっています。

●香典返しをしない場合

いただいた香典の中包みに「香典返し不要」と書き添えられていた場合、香典返しを贈らなくてもかまいません。

　香典返しは、必ずしなければならないものではありません。香典には、本来、葬儀に多額の費用がかかるため、それを皆で補い合うという相互扶助の意味合いがあるからです。特に故人が一家の家計を支えていた場合や、会社や団体からいただいた場合も、香典返しをしなくてもかまいません。

また、故人の遺志で福祉団体などに香典を寄付した場合、香典をいただいた方にはその旨と寄付先を明記した礼状を送ります。

香典返しのあいさつ文例

拝啓
先般　故○○○○儀　葬儀に際しましては　ご多用中にもかかわらずご会葬を賜り　かつご丁重なるご厚志を賜り厚くお礼申し上げます
おかげをもちまして　○月○日に四十九日の法要を滞りなく済ませることができました
つきましては供養のしるしに心ばかりの品をお送りいたします　何卒ご受納賜りたくお願い申し上げます
本来であれば拝眉の上お礼申し上げるのが本意ではございますが　略儀ながら書中を持ちましてお礼かたがた　ご挨拶申し上げます　　敬具

※文中には句読点をつけません。

Column

香典辞退が増えている？

　最近一部の地域で、参列者側の負担を減らすため、あるいは遺族側の香典返しの手間を省くためといった目的から香典の辞退が増えています。特に会社関係で行われる葬儀に参列するとき、あらかじめ「香典は辞退する」旨が伝えられたり、受付に「故人の遺志によりお香典は辞退させていただきます」という看板が掲げられたりします。しかし、「どうしても香典を渡したい」という人がいて香典を受け取ってしまう場合もあります。その場合、遺族側としてはどのように対処したらよいのでしょうか？　理屈からいえば香典を辞退しているので香典返しはしなくてもよいかもしれませんが、香典をくださった人やその金額なども考慮して、通常の香典返しをしておいたほうがよい場合もあります。

04

忌明け後のさまざまな法要

忌明け後のさまざまな法要について知っておきましょう。

百か日の法要

四十九日の法要の後、次に行うのが百か日の法要です。故人の死後一〇〇日目は「卒哭忌《そっこくき》」ともいわれ、遺族が泣きやむ日を意味するといわれています。この法要は、四十九日目の審判で故人が万が一、三悪道に落ちた場合でも、一〇〇日目に再度審判があるので、そのために追善供養するという考えからきているという説もあります。また、故人を失った悲しみをぬぐい去り、悲しみに暮れた生活に一区切りをつける頃合いが一〇〇日目であるという考え方もあるようです。

百か日の法要も、正式には親族や知人を招き、僧侶に読経してもらって供養のための会食をするものですが、最近は遺族とごく限られた身内だけで行うことが一般的になっています。

また、百か日の法要と合わせて餓鬼道に落ちた亡者を供養するための「施餓鬼会《せがきえ》」を行うこともあります。故人と同時に、他の霊の供養も一緒に営もうというものです。

Column

施餓鬼会とは？

施餓鬼会は「餓鬼に施しをする会」で、「餓鬼」とは六道のうち地獄道の次に苦しい世界である餓鬼道に落ちてしまい、いつも飢えと渇きに苦しんでいる亡者です。ここでは餓鬼が食べ物を口にしようとすると、たちまち炎となってしまい、餓鬼は飢えの苦しみから逃れられません。そんな餓鬼に食べ物の施しをするのが「施餓鬼会」です。「施餓鬼会」をお盆に行う寺院も多いようです。

月忌法要と年忌法要

故人の亡くなった日を「命日」といい、毎月おとずれる命日に供養することを「月忌《がっき》法要」といいます。月忌法要は、遺族だけで仏壇に花を飾ったり、お墓参りをしたりするなどして供養するものです。

また、年に一度、亡くなった日と同月同日におとずれる祥月《しょうつき》命日に催す供養を「年忌法要」といいます。中でも死亡翌年の祥月命日は「一周忌」といわれる大事な節目の日で、必ず列席者を招いて、盛大に法要を行う大切な日となっています。

年忌法要には、一周忌の後、三回忌（満二年）、七回忌（満六年）、十三回忌（満十二年）、十七回忌（満十六年）、二十三回忌（満二十二年）、二十七回忌（満二十六年）、三十三回忌（満三十二年）、三十七回忌（満三十六年）、五十回忌（満四十九年）、百回忌（満九十九年）と続きます。

最近では十三回忌までの法要は正式に行い、三十三回忌をもって「弔《とむら》い上げ」として法要を終わらせるのが一般的になっています。

年忌法要スケジュール

一周忌	死後１年目
三回忌	満２年目
七回忌	満６年目
十三回忌	満 12 年目
十七回忌	満 16 年目
二十三回忌	満 22 年目
二十七回忌	満 26 年目
三十三回忌	満 32 年目

05 年忌法要の費用の目安

法要のたびに必要になる費用の目安を知っておきましょう。

目安を基準に予算を立てる

さまざまな年忌法要にかかる費用の主なものは、大きくは「僧侶へのお布施」、「会食代」、「引き物代」に分けられます。以下は、一般的な法要にかかる費用の目安です。これはあくまで目安であり、実際には法要の規模、僧侶の数、寺院の格などによって、大きく違ってきます。

法要の列席者が持参する「御供物料《ごくもつりょう》」などは一万円程度が目安となるので、それも考え併せて予算を立ててみましょう。

・僧侶へのお布施

僧侶へ渡すお布施は、読経してもらったお礼などで三～五万円が相場です。金額について僧侶に尋ねたとき、「お気持ちで」といわれることが多いかもしれませんが、「みなさんおいくらくらい包んでいますか？」とはっきりと聞けば、その寺院の相場のようなものを教えてくれることもあります。それでもわからなければ、同じ檀家の人や地域の葬儀社などに相談してみましょう。

お布施は法要の前に渡します。なお、寺院を使用するため、お布施とは別に「使用料」を支払う場合もあります。

法要を自宅で営むことにすると、僧侶に来てもらうことになるので、その場合は「御車代」として五〇〇〇～一万円程度を包みます。

・会食代

会食の料理の費用は、一般的には一人五〇〇〇～一万円前後で考えましょう。食事のみならず、飲み物代も併せて考えます。法要の場合はあらかじめ列席の人数がわかるので、人数分を準備します。寺院に併設されている部屋を借りて会食を行う場合、料理はそこに出入りしている業者に依頼することが多いでしょう。コース料理や仕出し弁当など、ランクもさまざまです。

会食には僧侶も招きますが、事情で列席できない場合は「御膳料」として、五〇〇〇〜一万円程度を包みます。

・引き物代

会食後に渡す引き物は二〇〇〇〜五〇〇〇円程度とし、これを列席の人数分用意します。また、会食の席に僧侶を招く場合は、僧侶の分も忘れないよう注意しましょう。

・その他

寺院に供物やお花の用意を依頼する場合は、その金額を寺院に渡します。どの程度の量が必要かは、法要の規模（種類や数）によって異なります。法要の打ち合わせをするときに、依頼とともに金額も確認しておきましょう。

また、法要を寺院とは別の式場などで行う場合は、会場費や係員への心付け、法要後の墓参りなどのために利用するタクシー代なども必要になります。

Column

永代供養にかかるお金

永代《えいたい》供養とは、三十三回忌を終わらせてから後の法要を、菩提寺《ぼだいじ》に半永久的に依頼することをいいます。このため、「お布施」としてお寺に一定の永代供養料を支払うのですが、目安としては平均で50～60万円前後といわれています。しかし、地域や宗派によっても異なりますので、詳しくは菩提寺の僧侶によく相談してみてください。

最近では、墓所が遠方のため供養がなかなかできないなどの理由で、三回忌、七回忌の法要をすませた後に、永代供養を依頼するケースもあるようです。

06

喪中の過ごし方

故人の死を悼む期間である喪中は、どのように過ごせばよいのでしょうか。

忌引きの期間

「忌引《きび》き」とは、近親者が亡くなったときに、喪に服すために家に引きこもる期間で、会社や学校を休んでも欠勤や欠席とならない期間（忌引期間）です。

忌引期間は、故人との関係（続柄）によって変わってきます（下の表を参照）。この期間はあくまで目安です。会社の就業規則等や学校の校則で期間が決まっていますので、確認しましょう。

結婚式などへの参列

一周忌までの喪中の時期には、死のけがれを祝

忌引期間の目安

続柄	忌引期間
配偶者	10日間
父母	7日間
子ども	5日間
祖父母	3日間
きょうだい	3日間
孫	2日間
おじ・おば	1日間
配偶者の父母	3日間
配偶者の祖父母	1日間
配偶者のきょうだい	1日間

いの場に持ち込まないようにするため（諸説あり）、本来、慶事への出席や神社への参詣などは控えるのが原則です。慶事には、結婚式や祝賀会、祝勝会、落成式などの行事があたります。

結婚式への参列を断る場合、欠席理由が慶事のとき（例えば、出産が間近に迫っているときや、仕事で海外出張中、身内の結婚式と重なっているときなど）は、その理由を返信はがきに書くのがよいとされています。一方で、喪中や法事などの弔事のときは理由をはっきり書かないのがよいとされています。

招待状の返信には、祝福の一言とともに、「やむを得ない事情のため欠席させていただきます」とだけ書きます。祝電を打ったり、忌明けに祝いの品を贈ったりするのは構いません。

しかし最近は、前もって予定されていた慶事、特に結婚式には喪中でも出席する人が増えています。それでも、忌中はなるべく控えるほうがよいでしょう。

喪中の年賀と贈答

喪中には、年末年始のあいさつ回りや年賀状の送付、神社への参詣などは控え、正月飾りもしません。故人が配偶者や実の両親、子ども、同居していた配偶者の両親の場合、年賀状の代わりに、遅くとも一二月上旬には相手に届くように年賀欠礼はがきを出します。年末に亡くなった場合は、翌年の松の内（元旦から七日まで、地域によっては一五日まで）を過ぎてから、「寒中見舞い」のかたちで出します。欠礼はがきには、「本年○月○日○○が○歳にて他界しました」などと、誰の喪に服しているのかを書きます。

なお、喪中はお中元やお歳暮も控えた方がよいともいわれていますが、近年は、例年どおり贈るのが一般的になっています。忌明け前の場合は、時期を遅らせ、お中元を「暑中お見舞い」へ、お歳暮を「寒中お見舞い」として贈るとよいでしょう。

07

納骨

遺骨を墓に収める納骨式まで済めば、一安心です。

納骨は遅くとも三回忌までに

・**仏式の場合**

遺骨を墓に収める納骨は、仏式では忌明けの四十九日の法要の後に行うのが一般的ですが、特に決められた期日はありません。火葬した後、そのまま納骨する場合もありますし、中陰の七仏事（158ページ参照）のいずれかの日を選んで納骨することもあります。

墓の用意の都合などによって、四十九日を過ぎて、百か日や一周忌に納骨をすることもありますが、いずれにしても納骨をするときには、納骨式を執り行います。

なお、無宗教の人の中には自宅供養といって、自宅に遺骨を置いている人もいますが、納骨をする意思があるなら、遅くとも三回忌までには納骨をすませたいものです。

・**神式の場合**

神式の場合は、墓所の四方に斎竹を立て、しめ縄を引き巡らす「埋葬祭」という儀式を行います。本来、火葬の後、そのまますぐに納骨をすませるのが習わしですが、最近は、忌明けにあたる「五十日祭」のときに納骨する家が多くなっているようです。

・**キリスト教の場合**

キリスト教は本来が土葬だったので、現在のように火葬した場合でも、火葬後すぐに納骨することが原則です。しかし、「召天記念祭」や追悼《ついとう》ミサなどで一緒に行うことが増えているようです。

納骨式の準備と進め方

納骨式に必要なものとしては、遺骨、遺影、位牌、埋葬するための許可証（土葬の許可に際しては「埋葬許可証」、火葬の許可に際しては「火葬許可証」）、霊園墓地を利用するときの「使用許可証」、印鑑などがあります。

仏式の場合は、白木の位牌を寺院に返納して、仏具店などで造った本位牌を持って行きます。宗派によっては、位牌を作らないこともあります。

納骨式には施主や遺族のほか、故人とごく親しかった人なども呼びましょう。

①日程を決める

納骨をいつ行うのかを決めます。日程が決まったら、招待する人への連絡、納骨室の蓋を開ける作業をしてもらう石材店などへ連絡をします。石材店には、墓石や墓誌への彫刻の依頼などもしておきます。費用以外に、当日渡す心付けを準備しておきましょう。

②場所、内容を決める

納骨式の場所は、菩提寺や教会、神社などと相談して決めます。新しくお墓を建てた場合は、「入魂式（開眼供養あるいは開眼法要とも）」を納骨式の前に行います。納骨式のために僧侶に渡すお布施のほかに、このための謝礼も準備します。また、浄土真宗以外では納骨式後に「卒塔婆供養」（160ページ参照）を行うこともあります。

③会食・引き物の準備

納骨式だけを行うのか、後で会食を行うかどうかを決めます。納骨式の時間帯によって配慮が必要です。参列者に渡す引き物も用意します。

・納骨式の進め方

納骨式では、僧侶の読経の後、施主が遺骨を墓石の下の納骨室に納め、続いて一同が焼香し、合掌して故人の冥福《めいふく》を祈ります。お墓に供える線香、生花などは準備しておきます。墓地が菩提寺から遠く離れている場合は、菩提寺で読経を済ませ、僧侶は墓地へは同行しないこともあります。

納骨式の終了後に会食する場合は、始まる前に僧侶にはお布施を包んでおきます。会食は施主のあいさつから始め、終了後、参列者に引き物を渡します。引き物の掛け紙は黒白か銀色の結び切り、表書きは「粗供養」「志」などとします。

仮納骨と永代供養

忌明けの四十九日が過ぎても墓所を購入するめどが立たない場合などには、菩提寺や霊園の納骨堂に一時遺骨を預けることがあります。これを「仮納骨」といい、このときも僧侶に読経してもらい供養するのが一般的です。

一方、墓地を購入する意思がない場合には、一定の永代供養料を払えば寺院や霊園の納骨堂に永久に預ける（「永代納骨」「永代供養」という）こともできます。最近では、さまざまな事情から永代供養を望むケースが増えています。

例えば、「期限付き墓」などと呼ばれる、使用期限が決まっている墓もあります。期限が来ると寺院が墓を撤去したり永代供養墓に遺骨を移したりします。

公営の納骨堂は、一年ごとに契約更新をするシステムになっており、ほとんどの場合、期間が決められていて永久に預かってはもらえません。

Column

永代供養のしくみ

利用者から一定の「永代供養料」を受け取ったお寺は、そのお金を利回りのよい預金などに預けます。そしてその利子によって、寺院全体でのお彼岸やお盆の供養、年忌法要などを永代にわたって営むシステムになっています。

08 墓・墓地

新しく墓を準備するときには慎重に選びましょう。

墓地の種類

墓地には大きく分けると、公営墓地、寺院墓地、民営墓地の三つがあります。地方によっては、個人で墓地を所有している旧家もありますが、これはごく少数です。

①公営墓地（公営霊園）

公営墓地は都道府県・市区町村などの地方自治体が管理・運営している墓地で、宗派・信仰を問わず誰でも利用できます。メリットは、何より使用料（永代使用権取得料）や管理料が他と比べて安いところです。

しかし、募集は公募制で、常に競争率が高く、年に一度程度、空き墓地の募集があるくらいなのが現状です。申し込みに際しても、さまざまな資格・条件があり、実際にはなかなか手に入れにくいでしょう。

②寺院墓地

宗教法人が運営している墓地で、公営より使用料や管理料が高い分、行き届いた管理がなされています。メリットとしては、さまざまな法要を、寺院の本堂などで行える点があげられます。

しかし、利用できるのは原則的に、檀家か同宗派の家に限られており、改宗が必要な場合もあります。また、寺院の活動への参加や維持費などの寄付を求められるなど、相応の負担もあります。それでも都市部では寺院墓地も満杯状態で、寺院によっては境内から離れた場所や郊外に墓地を造成するケースもあるのが現状です。

③民営墓地（民営霊園）

宗教法人や公益法人から委託を受けた民間企業が運営する墓地で、公営墓地同様、宗派・信仰を問わず誰でも利用できます。非営利事業でなければならないため、現在では株式会社などの営利法人による経営は許可されていません。メリットは、他の墓地に比べて販売数が多く、申し込みの制限がゆるい、墓石の大きさ・デザインの制限が少ないところです。

しかし、運営の永続性が危ぶまれるようなところもありますので、しっかりと検討する必要があります。また、同じくらいの金額でも、管理の面などで差が出るケースがあります。

墓・墓地選び

新しく墓地を探すのは、住宅を購入するのと同じくらい難しいものかもしれません。しかも、現在の自分たち家族の事情だけで決められるものではないところが、さらに頭を悩ませるものとなります。

大まかには、次ページのようなことが、墓地選びの大切なポイントとなるでしょう。

Column

墓を持たない という選択

最近は、将来的に墓を見てくれる人がいなかったり、墓が高額のため購入できなかったり、そもそも墓を持たなくてもよいと考える人が増えたりして、日本人の墓に関する意識は大きく変わってきています。そのため、散骨という方法や、共同墓（永代納骨）への関心が高まっています。また、故人を身近に感じていたいなどの理由から、「手元供養」といって、遺骨の一部を小さな骨壺に入れて自宅に置いたり、ペンダントヘッドに入れて身につけたりする人もいます。最近では、遺骨の一部を化学的に変化させてダイヤモンドに加工して身につけることもできます。

墓・墓地選びのポイント

①立地条件

誰でも一番に考えるのは、立地条件でしょう。墓を建てた後、遺族が墓参りしやすいかどうか、交通の便のみならず、周囲の環境なども重要です。

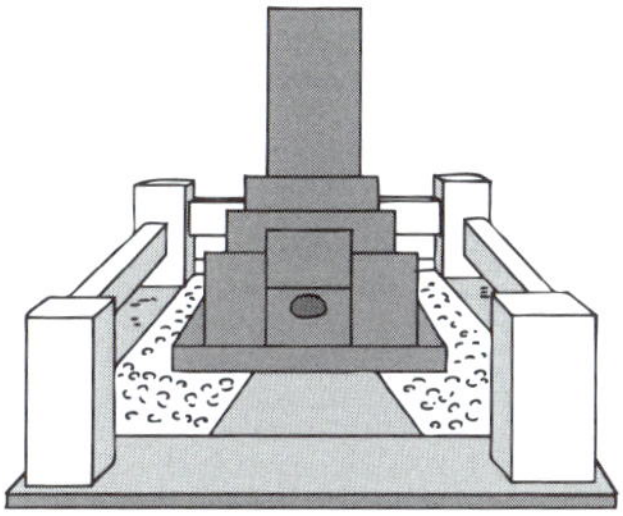

②価格

墓地の場合、購入といっても、実際は土地を買うのではなく、土地の永代使用権を取得するということです（使用権は代々相続されますが、第三者への譲渡・贈与は原則として認められていません）。「永代使用料」と「管理料（毎年支払う）」、「墓石費用（工事費なども含む）」が必要なので、すべてを合わせた金額で検討しましょう。一般的な和式の墓で総額 100 ～ 300 万円程度となります。

③宗派

墓地によっては、宗派が限定される場合があります。「過去の宗派不問」とある場合でも、その寺院に墓を建てるなら改宗が必要なこともあります。

④その他

見学に行ったときには、駐車場や水回りなどの設備をはじめとして、日頃の墓地の管理状態、墓地回りの水はけや風通しなどもチェックします。

分骨する場合

遺骨を分けて別の墓地にも納めたいときには「分骨」という方法をとります。分骨の理由はさまざまですが、先祖代々の墓が遠方のため近所に建てた自分の墓と双方に納骨したいとか、遺骨の一部を散骨や手元供養したいなどのケースが考えられます。分骨する場合は、個人の考えだけで行わず、周囲の理解を得て行うことが大切です。

・火葬場で分骨をする場合

火葬の際に、火葬場の管理者から「火葬の事実を証する書類」（＝火葬証明書）を発行してもらいます。「本骨」については「火葬許可書」が、「分骨」には「火葬証明書（分骨証明書という場合もある）」が必要です。分骨の骨壺が複数ある場合は、その数の分、火葬証明書が必要です。

・墓地に納めている遺骨を分骨する場合

すでに墓地に納めている遺骨の一部を、別の墓地に移すときには、寺院などの管理者から「遺骨の埋蔵の事実を証する書類」（＝分骨証明書）を発行してもらいます。そのとき、分骨先の墓の使用権を証明する書類が必要な場合もあります。また、「閉眼供養（魂抜《たまぬ》き）」の法要を行うこともあります。

改葬（墓じまい）するとき

墓地に納められている遺骨を他の墓や納骨堂に移転することを「改葬」（一般に「墓じまい」）といいます。最近、少子化や地方の過疎化などを背景に、墓を引き継ぐ子どもや親族がいないという理由から、改葬を検討する人が増えています。墓が遠方にあって墓参りに不便、高齢のため墓守りが負担となっている、墓の維持管理費の捻出が困難などの理由もあげられます。

改葬にはさまざまな工程があり、お金も想像以上にかかりますので、周囲とよく相談しましょう。

一般的な改葬（墓じまい）の流れ

1. ＜移転先の墓＞移転先の寺院管理者から永代使用承諾書を発行してもらう。

2. ＜現在の墓＞現在遺骨のある自治体の役所から改葬許可申請書を手に入れる。必要事項を記入し、現在の墓地管理者から署名捺印してもらう。
※埋蔵（埋葬）証明書を添付する場合もある。

3. ＜現在の墓＞改葬許可申請書と移転先の永代使用承諾書を、現在遺骨のある自治体の役所に提出し、改葬許可証を交付してもらう。

4. ＜現在の墓＞現在遺骨のある寺院などで、「閉眼供養」や「魂抜き」などの法要を行う。墓石の解体などを行い、墓地を更地にする。

5. ＜移転先の墓＞新しい寺院に遺骨とともに永代使用承諾書と改葬許可証を持参し、納骨する。

・改葬にかかる費用

菩提寺に支払う離檀料	離檀料の支払いに法的な根拠はありませんが、寺院から法外な金額を要求されるなどのトラブルが増えているようです。常識的には1回の法要を行う程度の金額で可能ですので、寺院と交渉してみましょう。
閉眼供養のお布施	2～15万円（これまでのお礼も含めて考える）
墓石解体に伴う工事費用	1㎡あたり10万円程度
交通費	寺院が遠方の場合、何度も行き帰りすると高額になる場合も

09

仏壇

宗派のみならず、家庭の住宅事情などによって選ぶ仏壇が変わってきます。

仏壇選びと設置場所

仏壇には大きく分けて三つの種類があります。宗派や設置場所の事情によって、準備する仏壇を決めましょう。浄土真宗は金仏壇、その他の宗派は唐木仏壇となります。

また、一般的な仏壇以外にも、タンスなどの家具の上に置くような「上置き型」のものや、フローリングにもマッチするようなモダンな仏壇もあります。仏壇の値段は数万円のものから数千万円もするものもあるようですが、家庭の事情に合わせて選びましょう。

・金仏壇

外側に漆、内側に金箔を使った仏壇のことを「金仏壇」と呼びます。日本の伝統的な漆工技術が活かされ、漆黒に金箔が輝く仏壇です。

・唐木《からき》仏壇

黒檀《こくたん》、紫檀《したん》、サクラなどの木で造られています。木目が活かされたシックな趣があります。

・家具調仏壇

インテリアにこだわる場合は、機能的で扉を閉めると一見仏壇とはわからないようなタイプもあります。

仏壇の設置場所は、仏間があればそこに置きますが、それ以外はあまり気にしなくてもよいといわれています。直射日光のあたらない、風通しのよい場所にし、仏壇は北向きには置かないようにします。なお、礼拝するときに自分の目線よりご本尊が少し高い位置に来るようにします。

仏壇の開眼供養

仏壇を新しく購入した場合は、「開眼供養」といって仏壇に祀る本尊や位牌を迎え入れるための儀式を行います。宗派によって「仏壇開き」「入魂式」「性根《しょうね》入れ」「入仏式《にゅうぶつしき》」とも呼びます。

儀式を行う時期は、仏壇の購入時期にもよりますが、四十九日の法要のときに行うことが多いようです。寺院で法要を行う場合は、本尊と位牌を持参して魂入れをしてもらい、それを仏壇に安置します。法要に合わせて開眼供養を行う場合、法要のお布施とは別にお布施を包みます（法要のお布施の半額程度が目安です）。この儀式は慶事なので、水引は紅白の結びきりにします。

仏具

本尊と位牌の他に仏壇に飾る仏具はさまざまありますが、最低限必要とされているのが「三具足《みつぐそく》」あるいは「五具足《ごぐそく》」です。これは、「香炉」、「ろうそく立て」、「花立て」の三種の仏具で、それぞれを一つずつ揃えたものを「三具足」、香炉一つにろうそく立てと花立てを一対揃えたものを「五具足」といいます。

このほかにも仏具には、ご飯をお供えするための「仏飯器《ぶっぱんき》」、お水やお茶をお供えするための「茶湯器《ちゃとうき》」、果物やお菓子などをお供えするための「高月《たかつき》」などがあります。宗派によって揃える仏具に違いがあるので、仏具店で相談しましょう。

Column

現代 仏壇・仏具事情

最近は、住宅事情から昔ながらの立派な仏壇よりも、シンプルで場所をとらず、見た目も他の家具と似た仏壇を求める人が多いようです。また、火の元の始末が気になる高齢者家庭では、火を使わず電気式や電池式のろうそく立てもあります。さらに、煙も灰も出ない電池式の線香などもあります。

10

お盆とお彼岸

先祖を供養する大切な年中行事に、お盆と春秋のお彼岸があります。

お盆の過ごし方

お盆は、仏教の「盂蘭盆会《うらぼんえ》」という行事から来ているもので、先祖の霊が自宅に帰ってくる時期となっています。

特に、四十九日の忌明け後、最初に迎える「新盆《にいぼん》」（あるいは「初盆《はつぼん》」）は、故人が霊となって初めて里帰りする日として大切な行事です。四十九日前にお盆を迎えた場合は、その年の新盆の行事は行いません。

盆入りの二、三日前までに墓所と家の仏壇を掃除して清め、精霊棚《しょうりょうだな》（盆棚）を仏壇の前にすえつけます。盆提灯は、里帰りする霊が道に迷わないようにするためのもので、新盆のときには絵柄の

●精霊棚の作り方

仏壇の前に棚を置き、棚にまこもやすのこを敷いて、位牌を置きます。故人の好物のほか、きゅうりやなすで作った馬や牛を供えます。これは、この馬に乗って先祖が早く戻り、牛に乗ってゆっくり帰って行くようにという願いが込められています。

●ぼたもちとおはぎは同じもの

ぼたもちは、春の花「牡丹」が由来で、おはぎは秋の花「萩」が由来ですが、同じ食べ物です。もち米（うるち米）を蒸して餅を作り、小豆で作ったあんをまぶします。

入った提灯以外に白提灯を飾ります。白提灯は玄関や軒先に飾っていましたが、防犯上の理由から精霊棚の前に飾るようになっています。なお、関東地方では、白提灯は近親者が贈ることが多いようです。

盆入りの日には、霊を迎えるために墓所へ赴きますが、墓所が遠方の場合は自宅の玄関前で火をたいて霊を迎えます。僧侶に来てもらい、読経をしてもらった後、焼香に訪れた親族や知人に食事をふるまいます。お盆明けの日には送り火をたいて霊を送り出し、お盆の行事を終了します。

お彼岸の過ごし方

彼岸とは向こう岸、つまりあの世を意味し、煩悩の多い此岸《しがん》（この世）とを対比させた言葉です。

お彼岸には、お盆のように特に決められたしきたりはありません。寺院で彼岸法要を営んだり、家族で墓参りをしてぼたもちやおはぎなどを供えて供養したりします。宗派によっては彼岸塔婆を供えて正式な法要を行う場合もあるので、菩提寺で確認しておきます。

お盆とお彼岸の日程

お盆	★7月に行う場合 7月13日～16日 ★8月に行う場合 8月13日～16日 ※地域によって違います。
春のお彼岸	春分の日（3月20日か21日頃）を中日として、前後3日間、計1週間。
秋のお彼岸	秋分の日（9月23日か22日頃）を中日として、前後3日間、計1週間。

11 神式の法要

神式の法要にはどのようなものがあるか見ておきましょう。

仏式の法要に相当する霊祭

仏式の法要は、神式では「霊祭《れいさい》」(「みたままつり」とも)と呼ばれるものが該当します。霊祭は、葬儀と同様、神社ではなく、墓前や自宅、斎場などで行います。

霊祭には、大きく分けて、墓前で行う「墓前祭」と、仏式の年忌法要にあたる「式年祭」があります。

①墓前祭

「墓前祭」には、葬儀の翌日に営む「翌日祭」、死亡日から一〇日ごとに五回行う「毎十日祭」、百日目の「百日祭」があります。

翌日祭は、葬儀が無事に終了したことを神に報告する儀式ですが、最近ではこの霊祭を省略することが多くなっています。霊祭を執り行う場合、参列者は遺族とごく近しい人だけに限られるようです。

毎十日祭には、「十日祭」、「二十日祭」、「四十日祭」、「五十日祭」がありますが、この中で十日祭と五十日祭は特に大切な霊祭で、神官を招くなどして行います。毎十日祭は墓前で行うものですが、まだ遺骨が墓に納められていないときには仮霊舎の前で行います。

②式年祭

「式年祭」は祥月命日に行うもので、「一年祭」「二年祭」「三年祭」「五年祭」「十年祭」の後、十年ごとに「五十年祭」まで行います。特に一年目の「一年祭」は、神官のほか近親者や友人を招いて盛大に行うことになっています。

玉串の捧げ方

①祭壇に進み、遺族に会釈してから、神官に一礼後、玉串を受け取ります。このとき、左手に葉先が、右手に枝の根元がくるように受け取ります。

②玉串を受け取ったら、神官に一礼後、玉串を捧げる台（玉串案）の前に進み出て一礼します。

③玉串を時計回りに 90 度回し、根元が手前にくるように持ちます。

④左手を枝、右手を葉に持ち替え、時計回りに 180 度回して、葉先を手前にして台に供えます。

⑤正面を向いたまま一歩下がり、二拝二拍手一拝（二礼二拍手一礼）します。手を打つときは音を立てないようにします（しのび手）。

・式年祭の進め方

式年祭の進め方としては、まず墓前に洗米、塩、水のほか、故人の好きだった食べ物や花などを供えます。

そして、神官に祭詞を奉上してもらい、参列者は榊《さかき》の小枝に紙垂《しで》をつけた玉串《たまぐし》と呼ばれるものを捧げて参ります。

このときの神官へのお礼は、「御礼」や「御祭祀料」などとして包みます。

忌明けに当たる五十日祭

死後五十日目に行われる五十日祭は、神式での「忌明け」とされているため、毎十日祭の中でも特に重要な霊祭です。神官のほか、親族や知人を招いて盛大に行います。

・五十日祭の進め方

五十日祭の進め方は、式年祭と同様です。その後、忌明けによってふだんの生活にもどったことを証明するための「清祓の儀《きよはらいのぎ》」を行い、神棚と御霊舎《みたまや》の白紙をはずします。これは正式には五十日祭の翌日に行うものですが、最近では同日に行うことが多くなっています。

それまで遺骨が仮霊舎に納められていた場合は、故人の霊璽《れいじ》（神や人の霊の代わりにまつるもの。「霊代《たましろ》」ともいう）を仮霊舎から本来の御霊舎へ移すための「合祀祭」を同日に行う場合が多いようです。

式典が終わると、仏式と同じように神官や参列者を食事でもてなします。会食の形式は自由で、場所はホールや式場などを利用するケースが多いようです。

五十日祭後は、死後百日目の「百日祭」と、一年目の「一年祭」が、大切な区切りの行事として行われますが、特に一年祭は仏式の一周忌にあたるので盛大に行われます。地域によっては、五十日祭ではなくこの一年祭をもって忌明けとする場合もあるようです。

神式の霊祭一覧

墓前祭	翌日祭	葬儀の翌日	遺族のみで行うことが多い。行われないことも多い。
	十日祭	10日目	神官、近親者、友人・知人を招いて祭詞奏上を行う。参列者は玉串を捧げる。
	二十日祭 三十日祭 四十日祭	20日目 30日目 40日目	神官を招かず、遺族だけで行うことが多い。
	五十日祭	50日目	神官、近親者、友人・知人を招いて盛大に行う。参列者は玉串を捧げる。「清祓の儀」「合祀祭」を同じ日に行うことが多い。
	百日祭	100日目	神官、近親者、友人・知人を招いて行う。
式年祭	一年祭	1年目の祥月命日	神官、近親者、友人・知人を招いて盛大に行う。
	二年祭 三年祭 五年祭 十年祭 二十年祭	2年目の祥月命日 3年目の祥月命日 5年目の祥月命日 10年目の祥月命日 20年目の祥月命日	遺族のみで行うことが多い。十年祭は一年祭同様に行うこともある。
	三十年祭 四十年祭 五十年祭 百年祭	30年目の祥月命日 40年目の祥月命日 50年目の祥月命日 100年目の祥月命日	二十年祭以降は行わないことが多い。百年祭以後は百年ごとに営むが、一般の人では普通はない。

12 キリスト教式の〝法要〟

キリスト教式で行われる、仏式の法要にあたるものを見てみましょう。

追悼ミサと祈念の集い

キリスト教では、仏式の法要にあたるものとして、カトリックでは「追悼ミサ」と呼ばれるものを、プロテスタントでは「祈念の集い」と呼ばれるものを行います。

・カトリックの場合

カトリックの追悼ミサは、教会で、故人が亡くなってから三日目、七日目、三〇日目に行い、以後は毎年の祥月命日にミサを開きます。最近は三日目、七日目のミサは省略することもあり、仏式にならって三年目、一〇年目などに盛大に行うこともあるようです。

追悼ミサには、神父や親族、友人、知人を招待し、聖書を朗読し、聖歌を合唱します。

ミサの後には、教会の別室か自宅で、会食かティーパーティーのような形式で参列者たちをもてなします。

教会への謝礼は寄付・献金の意味なので、金額の目安は特になく、「ミサ謝礼」などの表書きにします。神父に対しては別に「お礼」を包みます。

またカトリックでは、毎年一一月二日に、この世を去ったすべての死者の霊を追悼する「万霊節《ばんれいせつ》」という儀式を行います。この日は仏式のお彼岸にあたるものといわれています。このときは、事前に墓地の清掃をし、当日は喪服を着て花を墓前に供えます。その後、教会で行われるミサに参列するのが一般的です。

・プロテスタントの場合

プロテスタントでは、特に決められていませんが、故人が亡くなった日から一カ月後に、故人の霊に祈りを捧げる「召天記念式」を行うのが一般的です。以後は、亡くなってから四、五年経つまでは、亡くなった日に「祈念の集い」を行うことが多いようです。

式は自宅で行うことが多く、牧師や親族、友人、知人を招きます。祭壇を作り、故人の遺影や花を飾ります。当日は聖書を朗読し、賛美歌を合唱して祈りを捧げます。教会で個人の記念式を行うことはないのですが、会場や参列者の事情などから、教会の行事である伝道集会などに、記念式を組み込んでもらうこともあるようです。

また、集いの後には、会食やティーパーティーのような形式で参列者たちをもてなします。

教会への謝礼はカトリック同様、寄付・献金の意味で、「記念献金」などの表書きにします。牧師やオルガン奏者に対しては、別に「お礼」を包みます。

Column

キリスト教の墓

キリスト教の墓は、1人につき1つの墓という個人墓が基本です。墓石の形などに特に決まりはありませんが、一般的には、芝生のところに低めのシンプルな四角の墓石を建てたり、墓石の代わりに十字架を建てたりします。

墓地は、教会が所有するケースや、所属する教団が所有するケースなどがありますが、それ以外の場所に建てるのであれば、宗旨を問わない公営・民営墓地（霊園）を探さなければなりません。その場合、墓石に規定があることもあるので、注意が必要です。

13

墓参り

法要だけでなく、ふだんの墓参りでも故人を供養しましょう。

●墓に参って故人を供養

故人を供養するには、法要を執り行うだけでなく、ふだんの墓参りでも十分に供養することができます。墓前で手を合わせていると心が落ち着くという人も多く、残された人にとっても大切な儀式です。墓参りはいつ行ってもよいので、故人のことを偲びたいとき、墓前に報告があるときなどにも、墓参りに行きましょう。

墓前に行く前に、まず寺院の住職にあいさつをします。それから墓へ向かい、掃除をしてから墓に参ります。墓参りが済んだら、一般的には供物は持ち帰ります。そのままにしていると腐ったり野鳥が食い荒らしたりするためです。

●神式やキリスト教式の墓参り

神式の場合は、墓を清掃した後、水や洗米、塩、お神酒《みき》などの神饌《しんせん》を供えます。故人の好きだったものを供物として供えることもあります。線香の代わりにろうそくを、生花の代わりに榊を飾ります。拝むときには二礼二拍手一礼します。

キリスト教式の場合は、故人の供養としての墓参りは行いません。故人はすでに天に召されて安らかに過ごしているので、故人の生前に与えられた恵みについて神に感謝を捧げる意味合いで墓参りします。一般的には、墓を清掃した後、百合やカーネーションなどの白い花を供えます。手を胸のところで合わせて合掌礼拝をします。

仏式の墓参りの方法

持参するもの

スポンジ、タオル、カマや植木ばさみ、線香、ライター、供花や供物
（※桶やひしゃく、ほうきやちりとりは墓地に備え付けられていることが多い）

①墓石にはひしゃくで水をかけ、スポンジなどで汚れを落とし、タオルなどで水気をふき取る。

↓

②墓の周りの雑草を抜いたり、落ち葉などを掃いたりする。

↓

③墓の清掃が終わったら、供花や供物を供える。

↓

④線香に火をつけて供える（数人で行った場合、線香を人数で分けてそれぞれが供えてもよい）。

↓

⑤新しい水を桶に汲んできて、ひしゃくで墓石に水をかける。

↓

⑥しゃがんで墓に手を合わせる。

14

遺品整理と形見分け

遺品整理は四十九日の法要が終わった後に行います。

●四十九日の法要後に整理

故人が残した遺品の整理は、基本的には四十九日の法要が終わった後に行います。膨大な遺品の整理を、故人が亡くなってわずかしか経っていない頃に行うのは、精神的に大変つらいものです。

遺品を置いておくことができるのであれば、気持ちの整理がついて落ち着いて作業できるようになるまで手つかずにしておいても仕方がありません。ただし、家自体を処分しなければならないなど、差し迫った事情があれば少しずつ整理していかなければなりません。そのため最近は、遺品整理を専門とする業者に依頼するケースも多くなっているようです。

●遺品整理のポイント

自分で行う場合の遺品整理のポイントとしては、不動産を別にして、「保存しておくもの」「形見分けするもの」「寄贈するもの」「処分するもの」に分けて整理していきます。

故人の日記や手帳などは処分しがちですが、遺言書などとの絡みで必要になる場合もあります。また、仕事に関する書類は保存期間の義務がある場合があるので、むやみに処分しないようにしましょう。

家具や書籍などは、あまり使っていないものや状態のよいものであれば、公共施設や図書館などに寄贈することもあります。

遺品の分類

保存しておくもの

貴重品（預金通帳、実印、証券など）、日記や手帳、仕事に関する書類など

※むやみに処分しないようにしましょう。

形見分けするもの

故人の思い出の品、写真アルバムなど

※貴金属・宝石類、美術品・骨董品などは、高価なものは相続税の対象になる場合もあるので、形見分けするならその価値なども確認をしてからにします。

処分するもの

衣類（普段着）、寝具、家具、家電製品（テーブル、椅子、机、タンス、ベッド、小型家電製品）、車（自動車、バイクなど）、書籍・生活雑貨（単行本、雑誌、時計、食器、調理器具など）、食料品など

※冷蔵庫、テレビ、エアコン、洗濯機などの大型家電は家電リサイクル法に則ってリサイクル料金を支払い、業者に引き取ってもらいます。
※パソコンには個人情報などが詰まっているので、専門業者に依頼するか、データの消去を確実にしてから破棄します。

寄贈するもの

古くない応接セットや机、専門書や全集などの書籍など

※寄贈ができなければ処分も必要になります。

遺品整理は精神的にも肉体的にも負担が大きい作業ですが、故人を偲びながら行いたいものです。

●形見分け

形見分けとは、生前故人が愛用していた持ち物を、身内や親交の深かった人たちに分けることで、故人を偲ぶ意味合いがあります。

形見分けの品は、目上の方に贈るのは失礼とされています。贈る際には、相続税の対象になるような高額なものや、いくら故人の愛用の品とはいえ使い古したものは避けましょう。ただし、身内の者で、それをどうしても形見として持っていたいなどの場合は構いません。

Column

天国へのお引越しのお手伝い 遺品整理専門会社キーパーズ

遺品整理の際、その量の多さに途方に暮れるケースも多いようです。そんなときに、力になってくれるのが遺品整理を専門とする会社です。

以前は遺品整理を他人（業者）に依頼することをためらう人も多かったようですが、遺族の精神的・肉体的な負担を軽減してくれるサービスを求める声は日増しに大きくなっています。

そんな需要が増える一方で、悪質な業者が出てきているのも事実です。依頼の前には、数社に相談、見積もりをとるなどして、サービス・料金ともに納得できる会社を見つけることが大切です。

遺品整理専門の「キーパーズ」は、「遺品はゴミではない！」という信念のもと、「天国へのお引越しのお手伝い」をするために、遺族のさまざまな要望に丁寧に対応していることで利用者にとって安心な業者です。

キーパーズでは、以下のようなサービスも行っています。

・形見分けの全国配送
・遺品の無料合同供養サービス
・布団供養
・家財道具の引取業者の手配
・室内の清掃、消毒、脱臭
・自動車やバイクの廃車手続代行

どんなささいなことでも相談をして、後悔のない遺品整理をしましょう。

15 グリーフケア

大切な人を亡くした悲しみを癒すにはどうしたらよいのでしょうか。

残された人の悲しみ

病死にしても事故死にしても、大切な人を亡くした悲しみは、そう簡単に癒えるものではありません。故人を亡くしてぽっかり空いた心の穴を埋めるものが見つからずに、人知れず苦悩してしまう遺族も多いのではないでしょうか。

故人の死後、月日が経っても立ち直れない人がいると、周囲は「くよくよしても仕方がない」「残された人が前向きに生きることが故人の供養にもなる」などと、その人を慰める気持ちから言ってしまいがちですが、そういうことは百も承知なのです。それでも精神的な落ち込みから立ち直れないために、さらに追い込まれてしまうのです。

悲嘆（グリーフ）の種類

・感情的反応
ショックや無感覚、感情の麻痺、怒りやいらだち、罪悪感や自責の念、不安や恐怖、解放感や安堵

・認知的反応
非現実感、否認、集中力の低下や混乱、物忘れ、幻覚

・行動的反応
故人を探そうとする探索行動、喫煙・飲酒の増大、薬物嗜癖《しへき》

・生理的・身体的反応
睡眠障害、頭痛、体の痛みをはじめとしたさまざまな身体的不調、圧迫感や脱力感、過換気症候群

グリーフケアの重要性

大切な人との死別によって、心身の不調を感じる場合が多々ありますが、これは悲嘆（グリーフ）と呼ばれる反応であり、それ自体はしごく正常な反応です。

しかしまれに、うつ病性障害や外傷後ストレス障害（ＰＴＳＤ）、不安障害などを併発する深刻な状況となる場合もあります。また、同じ人を亡くしても、それによって受ける悲しみの度合いは人によって全く異なります。

「グリーフケア」とは、死別を体験した人を支援することで、「周囲の慰めや悲しみの傾聴による援助」「精神療法やサポートグループによる援助」などを行うものです。地域の総合病院をはじめ、保健所や自治体の保健福祉課などに、当事者が集まって作った自助グループなどがないか、尋ねてみてもいいでしょう。

悲嘆にくれている人を支えることは容易ではなく、時間がかかることかもしれません。しかし、その人の苦しみを分かち合うことで、人とのつながりが希薄化している世の中が少しでも生きやすい場になるのではないでしょうか。

グリーフケアにおいて大切なこと

- じっくりと話に耳を傾ける
- 継続して長期的に支援する
- 生活が困難な場合は具体的な支援をする
- 不用意な言葉や態度を出さない
- 必要があれば専門家へ紹介する
- 援助する側のケアにも注意する

第7章

必要な手続き・届け出・遺産整理

お葬式の後に必要な手続き一覧

亡くなった人を悼む気持ちが癒えないあいだにも、さまざまなやるべき手続きがあります。期限があるものなので、一つずつ確認していきましょう。

期限	手続きなど	備考
7日以内	死亡届の提出	火葬許可申請書も同時に提出
14日以内	年金受給権者死亡届の提出	国民年金は14日以内、厚生年金は10日以内（会社員だった場合は会社が手続きしてくれることが多い）
	健康保険の資格喪失届の提出	国民健康保険は14日以内、会社員等の健康保険は5日以内（会社員だった場合は会社が手続きしてくれることが多い）
	世帯主変更届（住民異動届）の提出	世帯主が亡くなり、残った世帯員が1名（配偶者のみ）の場合などは不要
2カ月以内（目安）	生命保険の死亡保険金の支払請求	3年を超えると失効する
3カ月以内	相続放棄・限定承認	

4カ月以内

故人の準確定申告

その年の1月1日～死亡日までの申告を行う

10カ月以内

相続税申告

申告額が確定する前に、遺言書の確認（検認）や遺産分割協議等を行う必要がある

1年以内

遺留分減殺請求

この請求権は遺留分を侵害されたことを知ってから1年、あるいは相続開始時から10年が過ぎたら失効する

2年以内

- 国民健康保険の葬祭費の申請、高額療養費の請求
- 健康保険の埋葬料（費）の申請、高額療養費の請求
- 国民年金の死亡一時金の申請

5年以内

- 公的年金の遺族基礎年金、遺族厚生年金の請求
  - 故人が国民年金に加入していた場合は遺族基礎年金が、厚生年金に加入していた場合は、遺族厚生年金も併せて請求できる
- 国民年金の寡婦年金の請求
  - 60～64歳の妻が受給できる
- 未支給年金や未支給保険給付の請求

01 亡くなった後の主な手続き

家族が亡くなった後には、死亡届の提出をはじめとして数多くの手続きが必要です。

手続きに必要な書類

亡くなった後の手続きには、大きく分けると次の二つがあります。

①死後すぐに手続きが必要なもの
②葬儀の終了後に行うもの

①には死亡届、死体火葬許可書、埋葬許可証などがあり、②には名義変更などの手続き、各種受給関係の手続き、遺産相続に関する手続きなどがあります。

こうした手続きには戸籍謄本や死亡診断書、印鑑証明などのさまざまな書類が必要です。どのような手続きにどのような書類が必要なのかを書き出したリストを作成し、何度も役所に通うことのないように準備しておきましょう。

また、どの手続きに際しても、印鑑を持参するようにしましょう。

＊1　喪主が特定できるもの

＊2　遺族給付および故人に支払われるべき給付を遺族が受け取る「未支給の保険給付」を請求するとき、請求権のある同順位の人が複数いる場合には、1人を代表者として選任し、その旨の委任状を添付する必要があります。

＊3　医師の意見書

＊4　遺族以外が請求するときは葬祭費用の領収書

＊5　介護保険被保険者証

＊6　生計維持証明

＊7　生計同一証明

＊8　本来の給付が未請求の場合は支給請求書

＊9　「年金」の住民票は除籍の記載されたものが必要

＊10　障害を理由に受給権者となった場合は医師等の診断書

＊11　故人に合算対象期間がある場合はその証明、公的年金受給権者は裁定通知書等

＊12　本来の給付が未請求の場合は裁定請求書

＊13　「不動産登記」の戸籍謄本は抄本でもよい

＊14　「電話」は除籍謄本の代わりに死亡診断書でもよい

法的手続きに必要な書類一覧（添付書類は、申請者の立場により異なります）

手続きの種類	内容	期限	除籍謄本	死亡診断書	保険証	印鑑証明		戸籍謄本		住民票		年金手帳または年金証書		振込先通帳	その他
			故人	故人		全員	申請者	全員	申請者	全員	申請者	全員	申請者		
死亡届		7日以内		○											
国民健康保険☆	高額療養費	2年以内			○				○					○	＊2
	葬祭費				○									○	＊1・4
健康保険	傷病手当金	2年以内							○						＊2・3
	高額療養費				○				○						＊2
	埋葬料（費）		○	○											＊4
介護保険☆	高額介護（予防）サービス費	2年以内			＊5				○					○	＊2
生命保険	死亡保険金	すみやかに	○	○	○		○		○						
労災保険	葬祭料・葬祭給付	2年以内	○												＊4
	遺族（補償）年金	5年以内							○						＊2・6・10
	遺族（補償）一時金			○											＊2・6
	障害（補償）年金差額一時金														＊2・7
	未支給の保険給付	本来の給付により2年または5年以内						○							＊2・7・8
自賠責保険	賠償保険金	2年以内		○			○								
年金受給権者死亡届		厚年は10日以内、国年は14日以内、労災は遅滞なく		○							○＊9	○			
厚生年金	遺族厚生年金	5年以内		○				○		○＊9		○	○	○	＊2・6・10・11
国民年金	遺族基礎年金	5年以内		○						○＊9			○		＊2・6・10・11
	寡婦年金							○			○＊9	○		○	＊6
	死亡一時金	2年以内									○＊9				＊7
未支給年金・未支給保険給付		5年以内						○			○＊9	○		○	＊2・7・12
相続権	限定承認	3か月以内						○							
	相続放棄								○						
相続税	相続税申告	10か月以内								○		○			
預貯金	名義書き換え	すみやかに				○		○							
土地・建物	不動産登記		○					○＊13							
生命保険	契約変更						○		○						
株式	名義書き換え					○		○							
自動車	所有権移転														
電話	継続手続き		○＊14						○						

☆国保および介護保険については、自治体により対応が異なりますので、居住地の役場にお問合せください。

名義変更

名義変更には、大きく分けると次の二つがあります。

①死後すぐに必要なもの

②遺産相続が確定してから行うもの

①は、世帯主、もしくは名義者本人が亡くなった場合の世帯主変更届をはじめ、電気、ガス、水道、電話、賃貸住宅の名義などの変更手続きです。

②は、故人の財産となる不動産や預貯金、株式、生命保険、自動車などの名義変更です。これらのものは、死亡直後から相続人全員の共有財産となりますので、誰が何を相続するか確定してからの名義変更となります。それ以前の名義変更はできません。

なお、預金口座は銀行が預金者の死亡を知った後、相続が確定するまで入金も出金もストップされるので注意が必要です。

必要となる名義変更

＊死後すぐ手続きする名義変更

・世帯主変更届……住民票のある役場（14日以内に）

・電気、ガス、水道……各営業所（電話で申し出る）

・NTT 固定電話……ＮＴＴ営業所（故人の除籍謄本、相続人の抄本）

・賃貸住宅の名義変更…大家もしくは不動産管理会社

＊相続後手続きする名義変更

・不動産……法務局（印鑑証明、相続人全員の戸籍謄本）

・預貯金……各銀行・ゆうちょ銀行（相続人全員の戸籍謄本、銀行によっては死亡診断書）

・株式……各証券会社など

・生命保険……各保険会社など

・自動車……所轄の陸運局（戸籍謄本、相続同意書、住民票、印鑑証明、移転登記申請書、自動車検査証、自動車検査証記入申請書が必要）

名義変更の手続きに必要な書類一覧

		窓口	手続き	期限	必要書類 住民票	戸籍謄本（抄本）	除籍謄本（抄本）	印鑑証明	備考
死後すぐに手続きが必要なもの	住民票	市区町村役場	世帯主変更	14日以内					世帯主以外なら手続きは必要ない
	電気・ガス・水道	所轄の電気会社・ガス会社・水道局	名義変更	すみやかに					電話で連絡する
	NTT固定電話	所轄のNTT	名義変更	すみやかに		○	○		利用している電話回線による
	賃貸住宅	大家または不動産管理会社	名義変更	すみやかに	○	○	○	○	
遺産相続の確定後に手続きするもの	不動産	法務局	所有権移転登記		○	○	○	○	
	預貯金	各銀行、ゆうちょ銀行	名義書換え		○	○	○	○	戸籍謄本は相続人全員のもの、銀行によっては死亡診断書が必要な場合がある
	株式	各証券会社など	名義書換え			○	○		
	生命保険	保険会社	契約要項変更			○	○	○	被保険者本人が死亡したときは死亡保険金の給付の請求を行う
	自動車	陸運支局事務所	移転登録		○	○	○	○	自動車検査証なども必要

保険証や年金証書などの返却手続き

名義変更のほかには、返却、解約、退会など、必ず手続きしなければならないもの、あるいはしないと遺族が不利益をこうむるものなどがあります。

返却、解約、退会の必要な主なものとして、故人の健康保険証、年金証書、自動車の免許証や調理師などの免許証、パスポート、携帯電話、スマートフォンなど、役所からの老人優待パス、勤務先の身分証明書、クレジットカード、ＪＡＦ（日本自動車連盟）の会員証、インターネットの会員資格などがあります。

返却の手続きは、年金事務所、市区町村役場、警察、公共施設、企業など、それぞれ窓口が違いますが、死亡したことを証明する書類（死亡診断書、戸籍謄本、戸籍抄本、住民票の除票など）の写しと印鑑を用意しておくことが必要です。

・健康保険証、年金証書

故人の健康保険は失効しますので、故人の被扶養家族は一刻も早く国民健康保険に加入するようにしましょう。

現役会社員等の場合は、社会保険の資格喪失手続きは会社で行いますので、健康保険証は会社に返却します。年金手帳は、遺族給付等の請求に必要なので、返却する必要はありません。

国民健康保険は、市区町村役場で手続きをします。世帯主が変わるときは、世帯内全員の保険証を持参し、変更手続きをしてもらいます。死亡届を提出するときに、葬祭費や未支給分の高額療養費の請求、介護保険の手続きも一緒にするとよいでしょう。

故人が年金を受給していた場合は、年金事務所に年金証書を提出し、停止の手続きをします。故人の年金によって遺族給付等（218ページ参照）が受けられるときは、その手続きも同時にするとよいでしょう。

・運転免許証、各種資格

運転免許証は有効期間が過ぎて更新の手続きをしなければ自然消滅となりますが、本人の死亡と同時に警察（公安委員会）へ返却するのが原則です。国家資格などの登録抹消手続きも忘れずにしましょう。

・パスポート

紛失したり悪用されたりするのを防ぐため、各都道府県庁の旅券課で返却の手続きをします。

・携帯電話、スマートフォンなど

携帯電話事業者で解約手続きをします。

・市区町村発行の老人優待パス、公共施設や交通機関（バスなど）の無料カード

市区町村に返却します。

・企業や団体などの身分証明書

企業や団体からの要求がなくても返却します。

・自動車サービスのＪＡＦ会員、インターネットの会員資格など

会費が自動的に引き落とされるものもあるので、加入していればすみやかに連絡し、それぞれの指示に従って解約の手続きをします。

・クレジットカード、フィットネスクラブ、デパートなどの会員証

発行元へ名義人が死亡したことを連絡し、退会の手続きをします。

Column

故人のパスポートや運転免許証を記念に残しておくことは？

遺族にとっての記念として、故人のパスポートを手元に残しておきたいという家族もいます。その場合は、手続きの際にその希望を伝えると、パスポートを使用できないようにした上で（ボイド処理）遺族のもとへ返してくれます。

また、運転免許証は本来返却しなければならないものなのですが、そのまま持っていると自然失効という形になるようです。ただし、他人に悪用されないよう、保管には気をつけましょう。

02

国民年金や厚生年金の停止手続き

故人が年金を受け取っていた場合は、支給停止の手続きをしなければなりません。

支給停止には手続きが必要

年金は、もらっていた人が亡くなっても自動的に止まりません。したがって、故人が年金をもらっていた場合は、支給停止の手続きが必要です。厚生年金は死亡後一〇日以内に、国民年金は死亡後一四日以内に「年金受給権者死亡届」を提出しなければなりません。ただし、平成二三年七月以降、日本年金機構に住民票コードを収録され、戸籍法上の届出期限七日以内に市町村に死亡届が提出されていれば不要です。

停止手続きをしないと、本人がまだ生きているものとして引き続き年金が支払われ、はからずも不正受給してしまいます。さらに、その状態を放

年金停止の手続き

【どこで】
役所や居住地区を管轄する年金事務所や街角の年金相談センター

【用意するもの】
- 年金受給権者死亡届
- 故人の年金証書
- 死亡診断書（コピー可）か死亡届の記載事項証明書
- 戸籍抄本

【いつまでに】
厚生年金は死亡後10日以内
国民年金は死亡後14日以内

置しておくと、その事実がわかった時点で本人の死亡後に受け取った金額をまとめて返さなければなりません。年金返却のための手続きはとても面倒ですので、きちんと対応しておきましょう。

ちなみに、遺族年金を受けている人（故人の配偶者など）が結婚したときや、直系血族または直系姻族以外の人の養子になったときなども、年金をもらう権利がなくなります。このような場合も同様に、受給停止の手続きをとらなければなりません。

手続きとしては、遺族が役所や居住地区を管轄する年金事務所、街角の年金相談センターに、年金証書と戸籍抄本、死亡診断書のコピーまたは死亡届の記載事項証明書を提出します。

未支給請求

年金の支給は二カ月ごとになされますから、故人が受け取るべき年金を受け取らないままに亡くなっている場合もでてきます。

例えば、年金を受け取っていた人が八月に亡くなった場合、年金はその八月分までは受け取れます。しかし、実際の支払いは一〇月に行われるので、その時点で亡くなっているために支払いがされないのです。このようにタイムラグがあるため未支給になっている年金がある場合には、未支給請求が必要になるケースもでてきます。

その場合、厚生年金は年金事務所、国民年金は役所の国民年金課に「未支給年金請求書」と故人の年金証書、戸籍謄本、死亡診断書（コピー可）、住民票、その他の必要書類を持参し、請求します。このとき、遺族年金など遺族がもらうことのできるものがあれば、同時に切り替えの手続きを行います。

なお、未支給請求の資格があるのは、生計を同じくしていた配偶者、子、父母、孫、祖父母、兄弟姉妹、それ以外の三親等です。請求の優先権も、この順番になります。

国民年金・厚生年金等の年金未支給請求書

二次元コード

様式第５１４号

国民年金・厚生年金保険・船員保険・共済年金
未支給【年金・保険給付】請求書

45	46	48

死亡された方 → 死亡した受給権者

❶ 年金証書の基礎年金番号および年金コード	基礎年金番号	年金コード（複数請求する場合は右の欄に記入）
❷ 生年月日	明治・大正・昭和・平成 年 月 日	
㋐（フリガナ）氏名	(氏)	(名)
❸ 死亡した年月日	昭和・平成 年 月 日	

死亡した方が共済組合等で支給する共済年金を受けている場合で、
併せて未支給年金（未済の給付）の請求を行う場合は、右欄に☑を行ってください。

請求される方 → 請求者

❹（フリガナ）氏名	(氏) (名) ㊞	❺続柄	※続柄
❼ 郵便番号 —	㋑ 電話番号 — —		
❽（フリガナ）住所	※住所コード	市区町村	

㋒ 年金受取機関	（フリガナ）	
1．金融機関（ゆうちょ銀行を除く） 2．ゆうちょ銀行（郵便局）	口座名義人氏名	

年金送金先

金融機関	金融機関コード ※	支店コード ※	(フリガナ) 銀行 金庫 信組 信連 農協 信漁連 漁協	(フリガナ) 本店 支店 出張所 本所 支所	預金種別 1.普通 2.当座	口座番号（左詰めで記入）

ゆうちょ銀行	貯金通帳の口座番号		金融機関またはゆうちょ銀行の証明 ※
	記号（左詰めで記入） —	番号（右詰めで記入）	請求者の氏名フリガナと口座名義人氏名フリガナが同じであることを確認してください。 印
	支払局コード ※		

㋓ 受給権者の死亡当時、受給権者と生計を同じくしていた次のような人がいましたか。

配偶者	子	父母	孫	祖父母	兄弟姉妹	その他3親等内の親族
いる・いない	いる・いない	いる・いない	いる・いない	いる・いない	いる・いない	いる・いない

㋔ 死亡した方が三共済（ＪＲ、ＮＴＴ、ＪＴ）・農林共済年金に関する共済年金を受けていた場合に記入してください。
死亡者からみて、あなたは相続人ですか。
（相続人の場合には、続柄についても記入してください。） はい ・ いいえ （続柄 ）

㋕ 備考

別世帯の方で、配偶者または子が請求される方 →

㋖ 別世帯となっていることについての理由書
（請求者が配偶者または子の場合であって、住民票上世帯を別にしているが、住所が住民票上同一であるとき）
上記の請求者は、受給権者の死亡当時、次の理由により住民票上世帯を別にしていたが、
その者と生計を同じくしていたことを申立します。（該当の理由に○印をつけてください）

請求者氏名 ㊞

理由 1．同じ住所に二世帯で住んでいたため。
2．その他

死亡した受給権者と請求者の住所が住民票上異なっているが、生計を同じくしていた場合は「別居していることについての理由書」などが必要となります。（用紙は「ねんきんダイヤル」またはお近くの年金事務所などに問い合わせしてください）
詳しくは1ページの未支給【年金・保険給付】請求書の「この請求書に添えなければならない書類」をご覧ください。

市区町村
受付年月日

実施機関等
受付年月日

平成 年 月 日 提出

年金事務所記入欄	
※遺族給付同時請求	有（上・外）・無
※死亡届の添付	有・無

1704 1018 027 （29.4）

3

◎「記入上の注意」などをよく読んでから記入してください。
◎年金証書の基礎年金番号・年金コードが不明なときは、年金事務所の窓口でご相談ください。
◎「※」印欄は、記入しないでください。

03 葬祭費・埋葬料の申請手続き

国民健康保険や健康保険からの葬祭費・埋葬料の支給には、申請が必要です。

葬祭費・埋葬料の申請方法

国民健康保険や健康保険からは、葬儀費用として一時金が支給されます。もらい受ける権利がある人が、自ら申請しないと受け取ることはできません。申請期限は二年以内ですので、早めに手続きをしましょう。

①国民健康保険または後期高齢者制度の加入者の場合

亡くなった人が国民健康保険または後期高齢者制度に加入していた場合は、葬儀を行った家族などは「葬祭費」の支給を申請することができます。金額は住所地の自治体によって異なりますが、およそ一～八万円程度です。

葬儀を行った家族などが、死亡届を提出後、自治体の窓口（国民健康保険担当課または後期高齢者医療担当課）に申請します。

また、自治体によっては別の名目で補助金などが支払われることもありますので、申請時に確認してみるのもよいでしょう。

葬祭費や埋葬料は２年以内に申請をしないと受け取れません。

②健康保険の加入者の場合

亡くなった人が健康保険（健康保険組合、全国健康保険協会、共済組合など国民健康保険以外の医療保険）に加入していた場合は、五万円の「埋葬料」が支給されます。

埋葬料は、故人に生計を維持されていた人で埋葬を行った人が申請します。埋葬料を申請できる人がいないときは、実際に埋葬を行った人に埋葬料（五万円）の範囲内で実際に埋葬にかかった費用が「埋葬費」として支給されます。また、健康保険に加入している人の扶養家族（健康保険の被扶養者）が亡くなった場合には、「家族埋葬料」として五万円が被保険者に支給されます。

申請先は故人の勤務先が加入している健康保険組合、年金事務所ですが、勤務先が手続きを代行してくれることもありますので、まずは勤務先に確認してみてください。

また、埋葬料のほかに健康保険組合独自の付加給付がある場合もありますので、同時に勤務先に確認してみましょう。

③業務上の死亡の場合

会社員などで健康保険に加入していた人が、業務上の事故や通勤途中での事故が原因で死亡することもあります。前者の場合を業務災害、後者の場合を通勤災害といいます。

これらの場合には、埋葬料は支給されず、代わりに労働者災害補償保険（労災保険）から業務災害の場合は葬祭料と遺族補償給付が、通勤災害の場合は葬祭給付と遺族給付が支給されます。

葬儀を行った家族、あるいは社葬を行った会社が請求者となり、故人が勤務していた事業所を管轄する労働基準監督署に申請します。

葬祭料および葬祭給付として支給される額は、「三一万五〇〇〇円＋給付基礎日額の三〇日分」か「給付基礎日額の六〇日分」のいずれか高い方の金額となります。給付基礎日額は、災害が発生した日以前三カ月間に支払われた賃金の総額をその期間の総日数で割った額です。

葬祭費や埋葬料として支払われるもの

加入保険	国民健康保険／後期高齢者医療制度	健康保険	労災保険
支給されるもの	葬祭費	埋葬料（埋葬費）	葬祭料（業務災害） 葬祭給付（通勤災害）
申請者	葬儀を行った家族など	故人に生計を維持されていた人で埋葬を行った人（実際に埋葬を行った人）	葬儀を行った家族など 社葬の場合は会社
申請先	自治体の窓口（国民健康保険担当課／後期高齢者医療担当課）	故人の勤務先が加入している健康保険組合、年金事務所	故人が勤務していた事業所を管轄する労働基準監督署
期　限	葬儀を行った日の翌日から2年以内	死亡日の翌日から2年以内（埋葬した日の翌日から2年以内）	死亡日の翌日から2年以内
支給される額	おおよそ1～8万円程度で自治体ごとに決められた金額	5万円（埋葬料の額の範囲内で実際に埋葬に要した金額）	「315,000円＋給付基礎日額の30日分」か、「給付基礎日額の60日分」のいずれか高い方の金額

埋葬料（費）支給申請書

健康保険 被保険者 家族 埋葬料（費）支給申請書

1 2 ページ

被保険者記入用

埋

記入方法および添付書類等については、「健康保険 被保険者 家族 埋葬料（費）支給申請書 記入の手引き」をご確認ください。

申請書は、楷書で枠内に丁寧にご記入ください。 記入見本 0 1 2 3 4 5 6 7 8 9 アイウ

被保険者情報※

被保険者証の（左づめ）	記号	番号	生年月日 □昭和 □平成 年 月 日
氏名・印	（フリガナ）	印	自署の場合は押印を省略できます。
住所	（〒 － ）	都道府県	
電話番号（日中の連絡先）	TEL （ ）		

振込先指定口座※

金融機関名称	銀行 金庫 信組 農協 漁協 その他（ ）		本店 支店 代理店 出張所 本店営業部 本所 支所
預金種別	1. 普通 3. 別段 2. 当座 4. 通知	口座番号	左づめでご記入ください。
口座名義	▼カタカナ（姓と名の間は1マス空けてご記入ください。濁点（゛）、半濁点（゜）は1字としてご記入ください。）	口座名義の区分	1. 被保険者 2. 代理人

「2」の場合は必ず記入・押印ください。（押印省略不可）

受取代理人の欄

被保険者	本申請に基づく給付金に関する受領を下記の代理人に委任します。 平成 年 月 日 氏名・印 印 住所 「被保険者情報」の住所と同じ	
代理人（口座名義人）	住所（〒 － ） TEL （ ） 氏名・印（フリガナ） 印	被保険者との関係

「被保険者・事業主記入用」は2ページに続きます。

※ご注意ください

被保険者が亡くなられての申請の場合、「被保険者証の記号・番号」と「生年月日」は被保険者の情報をご記入ください。「氏名・印」、「住所」「電話番号」「振込先指定口座」は実際に申請される方の情報をご記入ください。

被保険者のマイナンバー記載欄
（被保険者証の記号番号を記入した場合は記入不要です）
マイナンバーを記入した場合は、必ず本人確認書類を添付してください。 ▶

社会保険労務士の提出代行者名記載欄 印

(29.7)

受付日付印

様式番号 6 3 1 1 1 2

協会使用欄 1

全国健康保険協会
協会けんぽ

1 / 2

出典：全国健康保険協会（協会けんぽ）
※実際の申請書は２ページにわたっています。掲載ページはその１ページ目です。

04 高額療養費の申請手続き

病気療養中の医療費が多額の場合、申請すれば負担限度額を超えた分が戻ってきます。

高額療養費制度とは

「高額療養費制度」とは、国民健康保険、後期高齢者医療制度、健康保険の加入者が、入院や手術などで多額の医療費がかかったときに、一カ月間の自己負担額が一定額を超えると超えた分が戻ってくるという制度です。

ただし、保険外併用療養費の差額部分や入院時食事療養費（食費）、入院時生活療養費（六五歳以上、食費＋光熱費）の自己負担額は対象になりません。

故人の治療費だけでは高額療養費の対象にならなくても、家族全員の医療費を合算して負担限度額を超えた場合でも払い戻しをしてもらえます。

高額療養費制度の例

〈例〉70歳未満、年収約370～約770万円の方（健保：標準報酬28～50万円、国保：所得金額210万円～600万円）、100万円の医療費で、窓口の負担(3割)が30万円かかる場合
＊下の計算式は次ページの計算方法を参照。

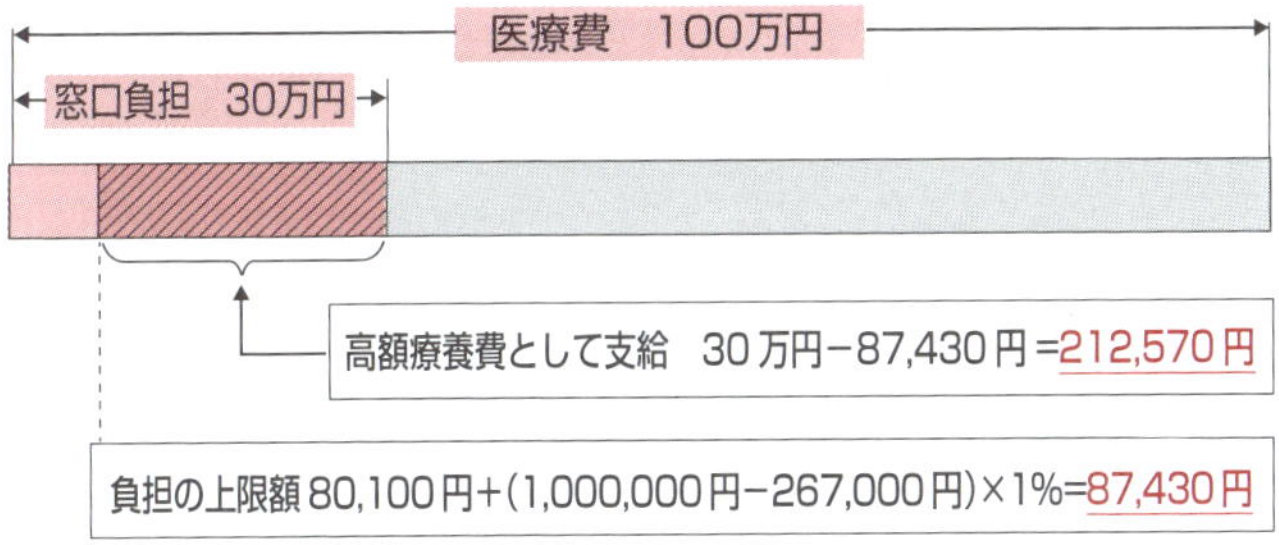

212,570円を高額療養費として支給し、実際の自己負担額は87,430円となります。

出典：厚生労働省保険局「高額療養費制度を利用される皆さまへ」

高額療養費の申請方法

高額療養費の申請は、診療を受けた翌月一日から二年以内に申請します。申請先は、国民健康保険加入者と後期高齢者医療制度加入者は、市区町村役場、健康保険加入者は全国健康保険協会または健康保険組合になります。

高額療養費は、民法で定められている「法定相続人」のみ申請ができます。遺族が手続きするときは、法定相続人の優先順位者が申請者となり、申請書を作成することとなります（一般的に、配偶者がいるときは配偶者が、配偶者がいないときは子どもが申請します）。なお、手続きの際には、優先順位者であることが確認できる戸籍謄本などの添付が必要となります。

高額療養費制度の自己負担限度額は、所得と年齢（七〇歳未満か七〇歳以上か）によって決められています。

自己負担限度額の計算方法①（70歳以上）

所得区分	外来限度額（個人単位）	外来・入院を合わせた限度額（世帯単位）
現役並み所得者	57,600円	80,100円 ＋（総医療費－267,000円）×1％ （多数該当：44,400円）
一　般	14,000円 （年間上限14万4千円）	57,600円 （多数該当：44,400円）
低所得者２	8,000円	24,600円
低所得者１※	8,000円	15,000円

※低所得者１…住民税非課税の人で、年金収入のみの場合、年金受給額80万円以下など、総所得金額がゼロの人を指す。住民税非課税で、「1」以外の人は「2」となる。

自己負担限度額の計算方法②（70歳未満）

所得区分		自己負担限度額	多数該当（※2）
健康保険	国民健康保険		
標準報酬月額（※1）83万円以上	所得金額901万円超	252,600円＋（総医療費－842,000円）×1%	140,100円
標準報酬月額53万～79万円	所得金額600万円超901万円以下	167,400円＋（総医療費－558,000円）×1%	93,000円
標準報酬月額28万～50万円	所得金額210万円超600万円以下	80,100円＋（総医療費－267,000円）×1%	44,400円
標準報酬月額26万円以下	所得金額210万円以下	57,600円	44,400円
低所得者（被保険者が市区町村民税の非課税者等）	世帯主及び国保加入者全員が住民税非課税	35,400円	24,600円

※1 標準報酬月額…各人の毎月の給与を、区切りよい幅で区分した標準報酬月額等級表にあてはめ、その範囲に該当した額を月の平均収入額として決定されたもの。
※2 多数該当…年間で高額療養費を３回以上受けた場合の４回目以上の限度額。

高額療養費は、申請してから３～４カ月後に指定口座に振り込まれます。

05

生命保険金の受け取り

故人が生命保険に入っていた場合、遺族が支払請求をすれば保険金が支払われます。

請求しなければ支給されない

一般的に生命保険といえば、各生命保険会社の「生命保険」、郵便局の「簡易保険」、勤務先での「団体保険」、会社経営者や幹部のための「経営者保険」などが挙げられます。

このうちどの生命保険でも、基本的には請求人が支払請求の手続きをしない限り、生命保険金が支払われることはありません。

死亡の日から二カ月以内を目安（通常三年を超えると失効）に、故人が加入していた保険会社へ連絡して死亡の事情（被保険者名、死因、死亡月日）を説明し、支払請求を行うための書類を送ってもらい記入します。

故人が複数の生命保険を契約している場合もありますので、請求もれがないよう気を付けてください。

故人の死因が事故や自殺などの場合は、以上のものに加えて次のものを併せて提出します。

・警察の事故証明や「死体検案調書」の写し
・保険会社指定の死亡診断書
・事故を報道した新聞の記事など

また、次の場合には保険金が支払われないことがあります。

・被保険者が保険の契約日から一定期間（一～三年）以内に自殺した場合
・契約時に病歴や健康状態を偽って報告した場合
・詐欺や不法な取得目的の場合

ひととおり保険会社が定める書類が一式そろっ

ていれば、保険会社から一週間ほどで保険金が支払われます。

なお、最近の住宅ローンなど金額の大きなローンには、生命保険（団体信用生命保険、通称「団信」）が付いているのが一般的です。ローン契約をしていた本人が死亡したり高度障害になったりしたときに、残ったローンをその生命保険で支払う形になっていますから、ローン借入先の金融機関に連絡して相談してみましょう。

また、勤務先などで、本人が知らないうちに団体生命保険に加入していることもあります。このような場合は、会社自体の急な支出や遺族への弔《ちょう》慰《い》金に充てる目的で加入していることがほとんどなので、保険金の受取人が個人ではなく勤務先になっていることもあります。この点も勤務先に確認しておくことが必要です。

このほかにも、住宅金融支援機構の借入金には生命保険が付いている場合もあります。連絡して確認し、手続きについては相談してみてください。

生命保険の死亡保険金をもらう手続き

【どこで】

各保険会社お客様窓口

【用意するもの】

- 生命保険の証書
- 保険会社所定死亡診断書
- 被保険者（死亡した人）の除籍抄本もしくは住民除票
- 保険請求人の印鑑証明と契約時の印鑑
- 戸籍謄本
- 振込先口座番号
- 請求人の身分を証明するもの

【いつまでに】

原則、死亡した日から2カ月以内（3年を超えると失効）

06

遺族年金の基礎知識

故人が加入していた公的年金の種類によって、受給できる年金、金額が異なります。

国民年金と厚生年金

日本の公的年金制度は、国内に住む二〇歳以上六〇歳未満のすべての人が加入することになっている国民年金を基礎に、民間会社員が加入する厚生年金や公務員などが加入する共済年金などを合わせた、いわゆる「二階建て」の構造になっています。厚生年金の上乗せ部分（企業年金）や共済年金の上乗せ部分（職域加算）を含めると「三階建て」となります。

国民年金の被保険者は三つの種別に分かれており、自営業者や学生、農林水産業従事者やその配偶者は「第一号被保険者」、会社員や公務員などは「第二号被保険者」、第二号被保険者に扶養されている配偶者は「第三号被保険者」となります。第二号被保険者である会社員などは、国民年金と厚生年金の両方に加入していることになります。

年金加入者が亡くなって遺族が受給できる遺族年金の金額は、年金の種類、故人とその遺族の続柄や年齢などによって変わってきます。

国民年金加入者の分類

1 第1号被保険者

農林漁業・自営業者とその家族、学生、フリーター、無職の人など（20歳以上60歳未満）

2 第2号被保険者

会社員や公務員で厚生年金・共済年金に加入している人

3 第3号被保険者

第2号被保険者の配偶者で20歳以上60歳未満の人

遺族年金の基本

	国民年金 遺族基礎年金	厚生年金 遺族厚生年金
もらうための主な要件（いずれかの要件にあてはまる場合もらえます）	①国民年金の被保険者である間に死亡したとき ②国民年金の被保険者であった60歳以上65歳未満の人で、日本国内に住所がある人が死亡したとき ③老齢基礎年金をもらっていた人が死亡したとき ④老齢基礎年金の受給資格期間を満たしている人が死亡したとき	①厚生年金保険の被保険者である間に死亡したとき ②厚生年金保険の被保険者である間に初診日がある病気やけがが原因で、初診日から５年以内に死亡したとき ③障害の程度が1級・2級の障害厚生年金をもらっている人が死亡したとき ④厚生年金の受給権者または厚生年金をもらうために必要な加入期間を満たしている人が死亡したとき ※①②は、死亡した日の前々月までに加入すべき期間のうち３分の２以上が保険料納付済期間か保険料免除期間であること。または死亡した日の前々月までの1年間に未納がないこと
もらえる人	死亡した人によって生計を維持されていた子どものいる配偶者または子ども ※子どもは18歳の年度末まで。障害等級１，２級の子どもは20歳未満	死亡した人によって生計を維持されていた配偶者、子ども、父母、孫、祖父母 ※妻は年齢制限なし。夫、父母、祖父母は55歳以上でもらえるのは60歳から。子どもと孫は18歳の年度末まで。障害等級１，２級の子どもは20歳未満
もらえる金額（平成29年度）	・配偶者がもらうとき 779,300円＋子どもの加算 ・子どもがもらうとき 779,300円＋2人目以降の加算 ※加算額は1人目および2人目まで224,300円、3人目以降1人につき74,800円	死亡した人の老齢厚生年金の４分の３

遺族と遺族厚生年金受給の優先順位

遺族厚生年金の優先順位	①	①	①	①	②	③	④	—
遺族	子どものいる妻 子どものいる55歳以上の夫	子ども	子どものいない妻	子どものいない55歳以上の夫	55歳以上の父母	孫	55歳以上の祖父母	子どものいる55歳未満の夫
	↓	↓	↓	↓	↓	↓	↓	↓
遺族年金の種類	遺族厚生年金 ＋ 遺族基礎年金	遺族厚生年金 ＋ 遺族基礎年金	遺族厚生年金 ＋ 中高齢の寡婦加算	遺族厚生年金	遺族厚生年金	遺族厚生年金	遺族厚生年金	遺族基礎年金

※子どものいる55歳以上の夫は、遺族基礎年金をもらっている場合に限り、60歳未満でも遺族厚生年金も合わせてもらえます（子どもがいても55歳未満の夫は遺族厚生年金を受け取れません）。
※共済年金の遺族年金である遺族共済年金も、遺族厚生年金とほぼ同様です。

★共済年金制度について

公務員などが加入している共済年金制度は、中身は基本的に厚生年金とほぼ同じと考えてよいでしょう。しかし、年金制度改革によって、平成27年10月、共済年金は厚生年金に統合されることになりました。制度内容は厚生年金にそろえる形となり、職域部分は廃止されます（これに代わる新たな年金制度が創設されます）。詳しくは、加入している共済組合などに確認してください。

07

遺族年金の手続き①——国民年金の場合

国民年金は日本国内に住所のある全ての人が加入を義務づけられています。

国民年金の遺族基礎年金

故人が国民年金のみの加入者であれば、遺族には次の三種類のうちからいずれか一つが支給されます。

①遺族基礎年金
②寡婦《かふ》年金
③死亡一時金

まず、遺族基礎年金から見ていきましょう。故人が国民年金の被保険者または老齢基礎年金（二〇～六〇歳になるまでの四〇年間保険料を納めた人が六五歳からもらえる年金）の受給者であって、一八歳到達年度末までまたは一級か二級の障害の状態にある二〇歳未満の未婚の子どもがいる配偶

国民年金の遺族基礎年金の手続き

【どこで】
役所の国民年金担当窓口 ※1

【用意するもの】
・遺族基礎年金の請求書
・故人と請求者の年金手帳
・戸籍謄本／・住民票（全員のもの）
・認め印／・振込先口座番号
・死亡届記載事項証明書か死亡診断書の写し
・障害を理由に受給権者となった場合は医師等の診断書／・年収を証明する証書　など

【いつまでに】
死亡した日から５年以内

※１ 死亡日が国民年金第３号被保険者期間中の場合は、最寄りの年金事務所

者か、一八歳到達年度末までまたは一級か二級の障害の状態にある二〇歳未満の未婚の子どもが対象です。

したがって、故人に子どもがいても、その子が規定の年齢を超えると故人の配偶者は「子のある配偶者」ではなくなるので遺族基礎年金はもらえなくなります。

さらに、遺族基礎年金をもらうには、次の条件も満たす必要があります。

・故人が国民年金に加入してから死亡した月の前々月までの間に、保険料を納めた期間と免除された期間が、加入期間の三分の二以上あること

・右記に該当しない場合でも、死亡日が平成三八年三月末までは、死亡した方が六五歳未満で、死亡日の属する月の前々月までの直近一年間に保険料の未納がないこと

申請の手続きは、故人が死亡した日から五年以内に、居住地の役所の国民年金担当窓口で行います。

支給額は子どもの人数によって変わる

遺族基礎年金の支給金額は、配偶者がもらう場合は子どもの人数によって変わっていきます。

①子が1人ある配偶者の場合
1,004,600円（779,300円+224,300円）

②子1人が受ける場合
第1子　779,300円

③子が2人以上いる場合は
第2子　224,300円加算
第3子以降　74,800円加算

※年金額は平成29年度の金額。「子のある夫」は平成26年4月以降に死亡した人の遺族基礎年金が対象。

遺族年金の請求書

届書コード			
7	3	1	届書

年金請求書（国民年金・厚生年金保険遺族給付）
〔遺族基礎年金・特例遺族年金・遺族厚生年金〕

様式第105号

年金コード			
1	4		

○□のなかに必要事項をご記入ください。
（◆印欄には、なにも記入しないでください。）
○フリガナはカタカナでご記入ください。
○請求者自ら署名する場合は、請求者の押印は不要です。

二次元コード

❾ 実施機関等 受付年月日

※基礎年金番号が交付されていない方は、❶、❸の「基礎年金番号」欄は記入の必要はありません。

死亡した方	❶基礎年金番号			
	❷生 年 月 日	明・大・昭・平 年 月 日		
	氏名	（フリガナ）		性別
		（氏）	（名）	男 女 1 2
請求者	❸基礎年金番号			
	❹生 年 月 日	明・大・昭・平 年 月 日		
	⓳氏名	（フリガナ）		⓴続柄 / 性別
		（氏）	（名） 印	◆ / 男 女 1 2
	㉑住所の郵便番号	㉒住所 （フリガナ） 市区 町村		
	電話番号１ （ ）－（ ）－（ ）	電話番号２ （ ）－（ ）－（ ）		

❺記録不要制度						送信	❻作成原因
（厚年）	（船員）	（国年）	（国共）	（地共）	（私学）		01 02

❼進達番号	❽別紙区分	❿船戦加	⓫重無

⓬未保	⓭支保	⓮受給権者数	⓯長期	⓰基加	⓱沖縄	⓲旧令

社会保険労務士の提出代行者印
印

＊日中に連絡が取れる電話番号（携帯も可）をご記入ください。
＊予備の電話番号（携帯も可）があればご記入ください。

※ 請求者が2名以上のときは、そのうちの1人についてこの請求書にご記入ください。
その他の方については、「年金請求書（国民年金・厚生年金保険遺族給付）（別紙）」（様式第106号）に記入し、この年金請求書に添えてください。

年金受取機関	（フリガナ）		
1．金融機関（ゆうちょ銀行を除く） 2．ゆうちょ銀行（郵便局）	口座名義人 氏名	（氏）	（名）

年金送金先						
㉓金融機関	㉔金融機関コード ◆	㉖支店コード ◆	（フリガナ） 銀行 金庫 信組 農協 信連 信漁連 漁協	（フリガナ） 本店 支店 出張所 本所 支所	㉗預金種別 1．普通 2．当座	㉘口座番号（左詰めで記入）
㉓ゆうちょ銀行	㉘貯金通帳の口座番号 記号（左詰めで記入） －		番号（右詰めで記入）	金融機関またはゆうちょ銀行の証明 請求者の氏名フリガナと口座名義人氏名フリガナが同じであることを確認してください。※貯蓄口座は振込できません。 印		

㉕支払局コード ◆ 0 1 0 1 6 0

加算額の対象者または加給金の対象者	氏名		㉙生年月日	障害の状態	㉙診
	（フリガナ） （氏）	（名）	昭 平 年 月 日	障害の状態に ある・ない	◆
	（フリガナ） （氏）	（名）	昭 平 年 月 日	障害の状態に ある・ない	◆
	（フリガナ） （氏）	（名）	昭 平 年 月 日	障害の状態に ある・ない	◆

連絡欄

X線フィルムの送付	
有・無	枚
X線フィルムの返送	年 月 日

1708 1018 001 105

1

●国民年金の寡婦年金

寡婦年金とは、国民年金の独自給付で、国民年金第一号被保険者としての保険料納付期間（免除期間を含む。障害基礎年金の受給者、生活保護者などは保険料納付が免除される）が一〇年以上ある夫が、老齢基礎年金を受給せず、障害基礎年金の受給権者であったこともなく死亡したとき、その妻に支給されるものです。

条件は、故人によって生計を維持されていて、かつ婚姻期間が一〇年以上継続している妻であることです。

支給期間は、妻が六〇歳になってから六五歳になるまでの五年間。ただし、六〇歳を過ぎてから寡婦年金の受給資格を得た場合は、その時点から六五歳までの期間の支給となります。六五歳になる前でも、妻が繰上支給の老齢基礎年金を受けたときは、その時点でもらえる権利はなくなります。

寡婦年金の手続き

【どこで】
役所の国民年金担当窓口
【用意するもの】
・寡婦年金の請求書
・故人と請求者の年金手帳
・戸籍謄本
・住民票（全員のもの）
・認め印
・振込先口座番号
・生計維持証明（所得を証明するもの）など
【いつまでに】
死亡した日から５年以内

Column

「生計を維持されていた人」とは？

遺族年金を受け取るための一要件に、「死亡した方によって生計を維持されていた」というものがあります。これは、死亡当時、死亡した人と生計を同一にしていた人で、年収850万円の収入を将来にわたって得られない人（子のある配偶者か子）が該当します。それに該当する人が遺族年金を請求できます。ただし、死亡当時に年収が850万円以上でも、おおむね5年以内に年収が850万円未満になると認められる場合は、遺族年金の対象者となります。

年金請求書（国民年金寡婦年金）

年金請求書（国民年金寡婦年金）

様式第109号

届書コード			届書
7	4	1	

年金コード			
5	9	5	

二次元コード

○□のなかに必要事項を記入してください。
（◆印欄には、なにも記入しないでください。）
○フリガナはカタカナで記入してください。
○請求者が自ら署名する場合には、押印は不要です。

※基礎年金番号が交付されていない方は、❶、❸の「基礎年金番号」欄は記入の必要はありません。

死亡した方（夫）	❶基礎年金番号	
	❷生年月日	明・大・昭・平 1 3 5 7　年　月　日
	氏名	（フリガナ） （氏） （名）
請求者	❸基礎年金番号	
	❹生年月日	明・大・昭・平 1 3 5 7　年　月　日　送信
	⓫氏名	（フリガナ） （氏） （名） 印
	⓬住所の郵便番号	⓭住所　住所コード ◆　（フリガナ）　市区町村

❼ ★ 市区町村 受付年月日

年金事務所 受付年月日

❺作成原因	❻進達番号
01	

❽重無	❾未保	❿支保

死亡した方（夫）	※過去に加入していた年金制度の年金手帳の記号番号で、基礎年金番号と異なる記号番号があるときは、その記号番号を記入してください。
	厚生年金保険　／　国民年金
	船員保険
請求者	「❸請求者の基礎年金番号」欄を記入していない方は、つぎのことにお答えください。（記入した方は、回答の必要はありません。） 過去に厚生年金保険、国民年金または船員保険に加入したことがありますか。○で囲んでください。　ある　ない 「ある」と答えた方は、加入していた制度の年金手帳の記号番号を記入してください。
	厚生年金保険　／　国民年金
	船員保険

⓮年金受取機関	
1. 金融機関（ゆうちょ銀行を除く） 2. ゆうちょ銀行（郵便局）	（フリガナ） 口座名義人 氏名

年金送金先	金融機関	⓯金融機関コード ◆　⓱支店コード ◆　（フリガナ） 銀行・金庫・信組・農協・信連・信漁連・漁協　（フリガナ） 本店・支店・出張所・本所・支所　⓲預金種別 1. 普通 2. 当座　⓳口座番号（左詰めで記入）
	ゆうちょ銀行	⓳貯金通帳の口座番号　記号（左詰めで記入）　—　番号（右詰めで記入） 金融機関またはゆうちょ銀行の証明　請求者の氏名フリガナと口座名義人氏名フリガナが同じであることを確認してください。※貯蓄口座は振込できません。　印
	⓰支店局コード	◆ 0 1 0 1 6 0

※口座をお持ちでない方や口座でのお受取り方法が困難な事情がある方は、お受取り方法について、「ねんきんダイヤル」またはお近くの年金事務所にお問い合わせください。

連絡欄

1704 1018 002

（29．4）

年金額は、夫が受けることのできた第一号被保険者期間に基づく老齢基礎年金の四分の三の金額となります。

請求期限は、故人が死亡した日から五年以内。年金は、銀行やゆうちょ銀行の自分の口座で受け取ることができます。

●国民年金の死亡一時金

死亡一時金とは、国民年金の第一号被保険者が保険料を三年以上納めていながら、老齢基礎年金も障害基礎年金ももらわないまま死亡したとき、その遺族に支給されるものです。保険料を納めた年数によって支給されるもので、寡婦年金と同じく、国民年金独自の給付になっています。

なお、この一時金は受給者の年齢や収入に関係なく支給されますが、遺族が遺族基礎年金を受けられる場合には、死亡一時金は支給されません。それは、死亡一時金と比べて遺族基礎年金の方が金額的に有利だからです。とはいえ、寡婦年金と死亡一時金では、場合によっては一時金の方が有利な場合もありますので、自分にとって有利な方を選ぶようにします。

手続きは、故人が死亡した日から二年以内に居住地の役所の国民年金担当窓口で行い、一時金は、銀行やゆうちょ銀行の自分の口座で受け取ることができます。

亡くなった夫が国民年金第一号被保険者として保険料を10年以上納付していたとき、妻に支給されるのが寡婦年金です。

死亡一時金の手続き

【どこで】
役所の国民年金担当窓口
【用意するもの】
・死亡一時金の請求書
・故人と請求者の年金手帳
・戸籍謄本
・住民票の写し
・認め印
・振込先口座番号
・生計同一証明　など
【いつまでに】
死亡した日から2年以内

寡婦年金と死亡一時金は自分に有利な方を選択することができます。

死亡一時金の優先順位と支給額

死亡一時金をもらえる遺族とは、故人と生計を同じくしていた配偶者・子、父母、孫、祖父母または兄弟姉妹になります。そして、受給資格の優先権もこの順になります。

死亡一時金の額

保険料納付済期間	一時金の額
36月以上180月未満	120,000円
180月以上240月未満	145,000円
240月以上300月未満	170,000円
300月以上360月未満	220,000円
360月以上420月未満	270,000円
420月以上	320,000円

国民年金死亡一時金請求書

国民年金死亡一時金支給決定決議書・決定伺

起案年月日	決議年月日	事務センター長 所長	副事務センター長 副所長	グループ長 課長	担当者
平成　年　月　日	平成　年　月　日				

下記のとおり裁定してよろしいか。また決裁後は通知書を送付してよろしいか。

被保険者期間			月	支給決定額
第1号被保険者期間の保険料納付状況	納付済期間	定額納付月数	月	
		4分の1免除月数	(　× 3/4) 月	
		半額免除月数	(　× 1/2) 月	
		4分の3免除月数	(　× 1/4) 月	
	付加納付月数		月	
	免除月数		月	円
却下事由				

国民年金死亡一時金請求書

死亡者	基礎年金番号		(フリガナ) 氏名	
	基礎年金番号以外の年金手帳番号		生年月日	大正・昭和・平成　年　月　日
			死亡年月日	平成　年　月　日
	住所			
請求者	(フリガナ) 氏名	㊞	生年月日	大正 昭和　年　月　日 平成
				死亡者との続柄
	住所	〒	電話番号（　　）　－	

年金受取機関 1. 金融機関（ゆうちょ銀行を除く） 2. ゆうちょ銀行（郵便局）	(フリガナ) 口座名義人 氏名

年金送金先	金融機関	☆金融機関コード ◆	支店コード ◆	(フリガナ) 銀行 金庫 信組 農協 信連 信漁連 漁協	(フリガナ) 本店 支店 出張所 本所 支所	預金種別 1. 普通 2. 当座	口座番号（左詰めで記入）
	ゆうちょ銀行	貯金通帳の口座番号 記号（左詰めで記入）　－	番号（右詰めで記入）	☆ 金融機関またはゆうちょ銀行の証明 請求者の氏名フリガナと口座名義人氏名フリガナが同じであることを確認してください。 ※貯蓄口座は振込できません 印			

支払局コード ◆0 1 0 1 6 0

※口座をお持ちでない方や口座でのお受取りが困難な事情がある方は、お受取り方法について、「ねんきんダイヤル」又はお近くの年金事務所にお問い合わせください。

先順位者の有無	死亡の当時、死亡者と生計を同じくしていた人がいましたか。					
	配偶者	子	父母	孫	祖父母	兄弟姉妹
	有・無	有・無	有・無	有・無	有・無	有・無

他の同順位者	氏　名	性別	続柄	生年月日	住所	請求の有無
		男・女		・　・		有・無
		男・女		・　・		有・無
寡婦年金との調整	ア. 寡婦年金を受けることができるが死亡一時金を選択する。 イ. 寡婦年金を受けることができない。					

平成　年　月　日

年金事務所長あて

二次元コード

市区町村　受付年月日

年金事務所　受付年月日

1610 1018 048

08 遺族年金の手続き②——厚生年金等の場合

故人が厚生年金・共済年金に加入していた場合、遺族に支給されるお金を見てみましょう。

厚生（共済）年金の遺族厚生（共済）年金

故人が会社員だった場合には遺族厚生年金が、公務員だった場合は遺族共済年金が遺族に支給されます。

支給を受けられる遺族の優先順位は、故人によって生計が維持されていた配偶者（夫は五五歳以上）→子（一八歳年度末まで。一定の障害があれば二〇歳未満）→父母（五五歳以上）→孫（一八歳年度末まで。一定の障害があれば二〇歳未満）→祖父母（五五歳以上）の順です。

なお、妻は年齢にかかわらず受給できますが、三〇歳未満で子どもがいない妻の遺族厚生年金は、五年間の有期年金となります。

厚生年金の遺族厚生年金の手続き

【どこで】
最寄りの年金事務所

【用意するもの】
- 遺族厚生年金の請求書
- 厚生年金手帳（共済年金手帳）
- 戸籍謄本／・認め印
- 死亡届記載事項証明書か死亡診断書の写し
- 障害を理由に受給権者となった場合は医師等の診断書
- 住民票（全員のもの）
- 振込先口座番号
- 年収を証明する証書　など

【いつまでに】
死亡した日から５年以内

中高齢の寡婦加算と経過的寡婦加算

厚生年金に加入していた夫が死亡し、遺族厚生年金を受ける要件を満たしている妻が、次のいずれかに該当すると、四〇歳から六五歳になるまで「中高齢の寡婦加算」として五八万五一〇〇円（平成二七年度の場合）も遺族年金と合わせてもらえます。

①夫が死亡したときに四〇歳以上六五歳未満で遺族基礎年金をもらえる子どもがいない場合

②遺族基礎年金と遺族厚生年金を受けていた妻が、子どもが一八歳年度末になった（障害の状態であれば二〇歳に達した）ため、遺族基礎年金がもらえなくなった場合

妻本人が六五歳になると老齢基礎年金をもらえるようになるので、この加算給付は終わります。しかし、昭和三一年四月一日以前に生まれた妻は、国民年金の強制加入の期間が短いため、自分自身の老齢基礎年金が少ないので、これを補うために六五歳以降は、「経過的寡婦加算」を受けることができる場合があります。金額は生年月日によって異なります。

自分の年金がもらえる場合

公的年金では「一人一年金」が原則であり、遺族年金と老齢年金のような支給事由の異なる年金を同時に受け取ることができません。したがって六五歳までで、どちらの年金ももらう権利がある場合には、どちらか金額の多い方を選択してもらうことになります。

例えば、老齢基礎年金は原則六五歳から受け取るものですが、希望すれば六〇歳から繰上支給ができます。また、老齢厚生年金も「特別支給の老齢厚生年金」制度によって、六五歳以前でも該当者はこれを受け取れます。つまり、このような例に該当する六五歳前の人は、老齢年金と遺族年金とのどちらかを選択しなければなりません。六五歳以上になると、自分の老齢基礎年金に上乗せして次ページのように三つのパターンから最も有利な方法で計算した額を受け取ることができます。

65歳前後の年金のもらい方

例	
	自分の老齢基礎年金………70万円
	自分の老齢厚生年金………80万円
	配偶者の遺族厚生年金……90万円

※もらい方の考え方を示すもので、金額等は諸条件によって異なります。

◆60歳以上65歳未満の人

自分の老齢厚生年金と配偶者の遺族厚生年金のうち、多い方を選択できます。

自分の老齢厚生年金　80万円　<　配偶者の遺族厚生年金　90万円

→いずれか多い方を選択できるので、この場合は、配偶者の遺族厚生年金90万円を選んで受け取ることになります。

◆65歳以上の人

自分の老齢基礎年金に上乗せとして、配偶者の遺族厚生年金と自分の老齢厚生年金を組み合わせて、合計額が多いものを受け取ることができます。

①自分の老齢基礎年金＋自分の老齢厚生年金
②自分の老齢基礎年金＋配偶者の遺族厚生年金
③自分の老齢基礎年金＋自分の老齢厚生年金の1/2＋配偶者の遺族厚生年金の2/3

①合計150万円
自分の老齢厚生年金　80万円
自分の老齢基礎年金　70万円

<

②合計160万円
配偶者の遺族厚生年金　90万円
自分の老齢基礎年金　70万円

<

③合計170万円
配偶者の遺族厚生年金の2/3　60万円
自分の老齢厚生年金の1/2　40万円
自分の老齢基礎年金　70万円

↓

配偶者の遺族厚生年金　20万円
自分の老齢厚生年金　80万円
自分の老齢基礎年金　70万円

合計170万円を受給します。

※合計170万円は同じですが、内訳が変わります。

→①～③の中で一番高い、③の170万円を受けることができます。ただし、受給方法は、自分の老齢基礎年金＋自分の老齢厚生年金を優先して、差額が遺族厚生年金として支給されます。

〈や行〉

〈ら行〉

〈は行〉

〈ま行〉

〈た行〉

〈な行〉

〈さ行〉

さくいん

「さくいん」については、その用語について説明してある主なページを掲載しました。

〈あ行〉

〈か行〉

【著者紹介】

●**大滝忠弘**（おおたき・ただひろ）
税理士
1938年、神奈川県横須賀市生まれ。
1978年、税理士登録、大滝税理士事務所開業。
1999年、東京地方税理士会保土ケ谷支部支部長。
2001年、東京地方税理士会理事。
2003年、東京地方税理士会保土ケ谷支部顧問。
2004年、神奈川エッサムファミリー会会長。
2007年、鎌倉五山第一位建長寺塔頭（宗）妙高院檀家総代。
現在、大滝税理士事務所代表。

●**大滝知秀**（おおたき・ともひで）
税理士
1970年、神奈川県横浜市生まれ。

1999年、国士舘大学大学院修了、大滝税理士事務所入所。

2001年、税理士登録。

現在、大滝税理士事務所所長。総勢30名の事務所を経営。お客様へ親身に対応することをモットーとして相続相談・対策・法人・個人・その他特殊業務（民事再生・事業再生・事業承継等）を行う。

●**吉田久伸**（よしだ・ひさのぶ）
税理士
1976年、山形県白鷹町生まれ。

1999年、横浜国立大学経営学部卒業。

1999年、大滝税理士事務所入所。

その後、新日本アーンストアンドヤング税理士法人（現：ＥＹ税理士法人）を経て、2009年、税理士登録。

現在、大滝税理士事務所所属。

●**伴　広樹**（ばん・ひろき）
弁護士
1974年、神奈川県厚木市生まれ。

1997年、司法試験合格。

1998年、最高裁判所司法研修所入所。

2000年、弁護士登録。立川・山本法律事務所（当時）入所。

2004年、伴法律事務所開設。

現在、相続案件や不動産案件などの民事事件を集中的に扱う。遺産分割、遺留分減殺請求などの紛争処理の実績が多く、家庭裁判所の実務の運用にも精通している。業務の傍ら、相続に関するセミナーや講演活動にも精力的に取り組んでいる。

●**菅原由紀**（すがわら・ゆき）
社会保険労務士
1961年、神奈川県横浜市生まれ。

中央大学文学部卒業後、上場企業の総務部教育課に勤務し、社員教育の企画・運営、社内報の編集業務に従事。

2000年、社会保険労務士登録。

大手社会保険労務士事務所勤務、社会保険労務士法人代表を経て、2015年、菅原由紀社会保険労務士事務所開設。

主な取扱業務は、労務相談、就業規則の作成、人事制度構築、社会保険・労働保険の手続代行など。共著『今、あなたが内定をもらったら』（ビーケーシー）。

●**安宅秀中**（あたぎ・ひでなか）
（株）公益社　葬祭研究所主任研究員　1級葬祭ディレクター
1970年、和歌山県西牟婁郡白浜町生まれ。

中央大学商学部会計学科卒業。

葬儀専業最大手の公益社で20年間にわたり、1,000件以上の葬儀を担当。

現在は、後進を指導する一方、講演活動、セミナー・企業研修・専門学校講師、雑誌への寄稿、葬儀業界の分析や葬儀文化に関する論文の執筆、エンディングノートの制作、葬儀用CDの監修なども行う。

〈著者紹介〉
大滝忠弘（税理士・大滝税理士事務所）
大滝知秀（税理士・大滝税理士事務所）
吉田久伸（税理士・大滝税理士事務所）
伴　広樹（弁護士・伴法律事務所）
菅原由紀（社会保険労務士・菅原由紀社会保険労務士事務所）
安宅秀中（公益社・1級葬祭ディレクター）
＊著者の略歴紹介は239ページ

お葬式の後にすること

後悔しない法要・相続・遺産整理

平成27年9月30日　第1刷発行
平成29年9月20日　第2刷発行

著　　者　大滝忠弘、大滝知秀、吉田久伸、
　　　　　伴　広樹、菅原由紀、安宅秀中
発 行 者　東島俊一
発 行 所　株式会社 **法 研**
　　　　　東京都中央区銀座1-10-1（〒104-8104）
　　　　　電話　販売 03(3562)7671
　　　　　http://www.sociohealth.co.jp
編集制作　株式会社 研友企画出版
　　　　　東京都中央区銀座1-9-19 法研銀座ビル（〒104-0061）
　　　　　電話　出版企画部　03(5159)3724
印刷・製本　研友社印刷株式会社
0101

SOCIO HEALTH

小社は㈱法研を核に「SOCIO HEALTH GROUP」を構成し、相互のネットワークにより、〝社会保障及び健康に関する情報の社会的価値創造〟を事業領域としています。その一環としての小社の出版事業にご注目ください。

ISBN 978-4-86513-162-8　定価はカバーに表示してあります。